新经济学

向松祚 / 著

卷一 主流经济学批判

中信出版集团 | 北京

图书在版编目（CIP）数据

主流经济学批判/向松祚著. -- 北京：中信出版
社, 2020.2（2024.5重印）
（新经济学；卷一）
ISBN 978-7-5217-1285-8

Ⅰ.①主… Ⅱ.①向… Ⅲ.①新古典经济学—研究
Ⅳ.① F091.347

中国版本图书馆 CIP 数据核字（2019）第 265051 号

新经济学：卷一　主流经济学批判

著　　者：向松祚
出版发行：中信出版集团股份有限公司
　　　　　（北京市朝阳区东三环北路27号嘉铭中心　邮编　100020）
承 印 者：北京通州皇家印刷厂

开　　本：787mm×1092mm　1/16　　印　张：78.75　　字　数：988千字
版　　次：2020 年 2 月第 1 版　　印　次：2024 年 5 月第 3 次印刷
书　　号：ISBN 978-7-5217-1285-8
定　　价：298.00 元（全五卷）

独立之精神　自由之思想

目录

总　序

一

布莱恩·阿瑟的《复杂经济学》一书曾经引用了经济思想史学者大卫·柯南德尔（David Colander）讲述的一个寓言：

> 一个世纪以前，经济学家站在两座高耸山峰之间的底部，而山峰则隐蔽在云层当中。他们想爬上高峰，但是不得不先决定要攀爬的是哪一座山峰。他们选择了有明确定义、遵循数学秩序的那座山峰。但是，当他们费尽千辛万苦登上了那座山峰，站到了云层上之后，才发现另外一座山峰要高得多。那就是过程和有机主义之峰。①

我很喜欢这个寓言。但我还想加上一句话，那就是当经济学者费尽千辛万苦登上那座山峰之后，却发现那是一座假想的山峰，真实的山峰是另外那座。

多年来，我曾经努力攀爬那座假想的山峰，最终无功而返，遂决定尝试攀登那座真实的山峰。《新经济学》是我勉力攀登新山峰所记录的风景和

---

① 布莱恩·阿瑟.复杂经济学：经济思想的新框架[M].贾拥民，译.杭州：浙江人民出版社，2018：26.

感受。书分五卷，自成一体。

二

第一卷题为《主流经济学批判》。当今主流经济学就是新古典经济学，它有严格的理论假设、优雅的数学模型、完整的逻辑结构和精妙的基本定理。经由标准教科书、大学课堂、期刊和学术著作的传播，新古典经济学已成为人类经济社会里居支配地位的世界观和方法论，成为人们分析经济问题的基本思维方式，成为全球多数政府制定经济政策的理论依据。那个乌托邦式的完全竞争一般均衡体系则成为经济学者梦寐以求的理想境界。简言之，新古典经济学是数百年来无数经济学大师知识和智慧凝聚成的巍巍高山。

然而，这座巍巍高山的基石却是脆弱和虚幻的。因为哲理基础的脆弱和虚幻，新古典经济学的学术大厦有着无法克服的内在逻辑矛盾。更为重要的是，哲理基础的脆弱和虚幻导致新古典经济学绝大多数的所谓定律、定理、理论结论与真实经济世界完全脱节。新古典经济学根本不能解释人类体系最重要的经济现象和经济行为。

第一卷《主流经济学批判》旨在全面检讨新古典经济学脆弱和虚幻的哲理基础，并试图给经济学确立一个全新的、更加坚实的哲理基础，以此创建新的经济学范式。经济学范式转变的关键是重新认识人性的本质或人的本质。新范式的核心则是以人心内在且本具自足的面向未来的无限创造性取代新古典经济学的人性自私或理性经济人假设。

三

第二卷题为《新经济学范式》。新经济学范式的哲理基础是人心本具自足的面向未来的无限创造性。人心面向未来的无限创造性乃是"一心开二门",即人心本具自足的无限的道德(精神)创造性和本具自足的无限的知识(物质)创造性。

以此为基础,我重新分析和定义人的经济行为,将人类的经济行为区分为旨在实现现有资源最优配置的适应性经济行为和面向未来的创造性经济行为。新古典经济学的着力点是分析人们致力于实现资源最优配置的适应性经济行为,却无力对面向未来的创造性经济行为做出令人满意的解释。以此观之,新古典经济学可以算是新经济学的一个组成部分,但不是最重要的组成部分。

新经济学范式成功的关键是系统研究人的创造性活动或创造性经济行为的基本规律,这是真正具有挑战性的工作。第二卷《新经济学范式》只是做了非常初步的尝试。要全面、系统、深刻地认识人的创造性活动或创造性经济行为的基本规律,必须进行跨学科研究,必须综合运用脑科学、心理学、神经生理学、认知科学等众多学科的最新发现。我将继续沿着这个方向不懈努力。

第二卷的重心是从新经济学范式的新视角,全面检讨新古典经济学的主要理论——市场理论、公司理论、增长理论和制度经济学。从市场到公司再到制度,代表着新古典经济学数百年不断精进的基本方向。从面向未来的无限创造性视角来重新审视市场、公司、制度和人类经济增长,我们会得到与新古典经济学完全不同的全新认识和崭新结论。新的市场理论、新的公司理论、新的增长理论和新的制度经济学由此应运而生。我必须承认，第二卷绝不意味着这项最重要的学术工作的结束，它仅仅是一个开端。我期待更多的年轻学者能够从崭新的视角来重新考察人类经济体系里最重要的经济现象和制度演化。

四

第三卷题为《人心的无限创造性》，它代表我一个雄心勃勃却并没有完全实现的学术理想，即融会中西思想，贯通古今哲理，重新认识人性（人心）的本质或人的本质。

一切社会科学或一切人学，只有一个源头或基本出发点，那就是认识人性（人心）的本质或人的本质。古往今来，一切伟大宗教和哲学思想的差异，就在于对人的本质的认识各有各的不同。

第三卷《人心的无限创造性》的目标是寻求经济学这门学科的终极形而上哲学基础。

追求人类经济体系或人类经济行为背后的终极规律，从一开始就是经济学者的崇高理想。芝加哥学派大宗师雅各布·瓦伊纳（Jacob Viner）曾经明确指出，亚当·斯密和整个苏格兰启蒙运动皆深受牛顿物理学革命的影响，《国富论》就是试图发现人类经济体系或人类经济行为背后的"自然规律"，也就是堪与牛顿运动定律和万有引力定律相媲美的普适规律。

斯密之后的历代经济学者，有很多人坚信人类经济体系或经济行为必定拥有类似物理世界那样内在的、客观的规律，经济学必定能够达到堪与物理学相媲美的"硬科学"地位。1969 年，瑞典皇家科学院决定设立纪念诺贝尔经济学奖，最重要的理由就是经济学已经接近或达到堪比物理学那样的科学水准，已经成为"社会科学的皇冠明珠"（萨缪尔森语）。其重要标志就是经济学已经能够高度数学化，最前沿的数学研究成果往往首先应用于经济学研究。张五常教授在辉煌巨著《经济解释》里也明确指出，经济学规律的普适性与物理学定律的普适性并无二致。

尽管如此，在绝大多数经济学者（或许是所有经济学者）内心深处，恐怕也很难真正同意经济学已经达到或能够最终达到堪与物理学相媲美的科学水准。最让经济学者丧气或让普通大众对经济学丧失信心的，就是经济学预测未来经济现象或经济趋势的能力根本算不上精准，甚至根本就没有能力预测。物理学公式能够极其精确地预测物理世界的运行轨迹，从苍茫太空的庞大星系到深邃莫测的微观粒子，预测的精确度甚至能达到亿万分之一！但是经济学者却连自己身边的经济形势变化也无法准确预测。早在 20 世纪 40 年代，芝加哥学派另一位大宗师弗兰克·奈特（Frank H. Knight）就坦率地承认，经济学者知道的，普通人也知道；普通人不明白的，经济学者也不明白！奈特因此郑重其事地致信芝加哥大学校长，建议取缔经济学这门学科。2008 年，全球金融危机的爆发更是让经济学者颜面扫地，就连英国女王伊丽莎白二世访问大名鼎鼎的伦敦政治经济学院时，也禁不住问那些世界知名的经济学者：为什么没有人察觉到危机呢？

这就牵涉到经济学这门学科的基本性质或本质特征。经济学真的能够达到像物理学那样精准的硬科学水平吗？经济学到底是一门什么性质的学问？回答这些问题就需要我们先回答如下问题：人类经济世界真的是一个像物理世界那样的客观世界吗？人类的经济行为或人类自己创造的经济世界真的具有像物理世界那样的客观规律或客观性吗？

数千年以来，哲学家和科学家一直为两个世界的划分而困惑和苦恼：一个世界是离开人自身而独立存在的外在的客观世界，另一个世界则是人自身内在的主观世界。东西方哲学思想对所谓两个世界的认知从一开始就是截然相反的。西方哲学家至少从柏拉图开始，就坚信物理世界（还有数学世界）是离开人类而独立存在的；东方智慧则始终坚信我们从本质上无法区分客观世界和主观世界。1930 年，伟大的物理学家爱因斯坦与伟大的哲学家和诗人泰戈尔有过一场精彩的对话，最能彰显东西方智慧之殊途。

> 爱因斯坦认为，关于宇宙的本性，有两种不同的看法：第一，世界是依存于人的统一整体；第二，世界是离开人的精神而独立的实在。即使在我们日常生活中，我们也不得不认为我们所用的物品都具有离开人而独立的实在性。我们之所以这么认为，那是为了用一种合理的方式来确定我们感官所提供的各种材料之间的相互关系。比如，即使房子里空无一人，这张桌子仍然处在它所在的地方。无论如何，只要有离开人而独立的实在，那也就有同这个实在有关系的真理；而对前者的否定，同样就要引起对后者的否定。

> 泰戈尔则坚信，不可能有别的看法。这个世界就是人的世界。关于世界的科学观念就是科学家的观念。因此，独立于我们之外的世界是不存在的。我们的世界是相对的，它的实在性有赖于我们的意识。赋予这个世界以确实性的那种理性和审美的标准是存在的，这就是永恒的人的标准，其感觉是同我们的感觉相同的。①

现代科学家依然为这些问题困惑不已。譬如，牛津大学著名的数学物理学家、霍金的合作者罗杰·彭罗斯（Roger Penrose）认为人的周围不仅仅只有一个客观世界，而是有三个神秘的世界。这三个世界分别是意识感

---

① A. 爱因斯坦. 走近爱因斯坦 [M]. 许良英，王瑞智，编. 沈阳：辽宁教育出版社，2005：197–198.

知的世界、物理现实的世界和数学形式的柏拉图世界。第一个世界是我们所有精神影像的家园，包括我们看到自己孩子笑脸时的欢欣愉悦，欣赏落日余晖壮美景色时的心旷神怡，或者观察触目惊心战争场面时的恐惧和憎恶。第一个世界还包括爱、嫉妒、偏见、害怕，以及我们欣赏音乐、闻到美食时的各种感觉。第二个世界就是我们通常所说的物理世界，包括鲜花、阿司匹林药片、白云、喷气式飞机、各种星系、原子、狒狒的心脏、人类的大脑……所有这些真实存在的东西构成了物理世界。第三个世界是数学形式的柏拉图世界，这里是数学的家园。对彭罗斯而言，与物理世界和精神世界一样，数学世界也是真实存在的。这里有自然数（1、2、3、4……）、欧几里得几何学所有的图形和定理、牛顿运动定律、弦理论、突变论，以及研究股票市场行为的各种数学模型等。

彭罗斯还给出了三个世界之间神秘相连的各种现象，不过他最终认为："毫无疑问，并不真正存在 3 个世界，而是只有 1 个世界。并且直到目前为止，对于这个真实世界的本质，我们对它的认识甚至连肤浅都谈不上。"[①]

无论是客观世界和主观世界的简单划分，还是彭罗斯既描述又最终否认的三个世界划分，都没有回答我们急需答案的一个基本问题：人类的经济世界（经济体系、经济制度、经济行为、经济现象）到底属于哪个世界。它似乎既属于客观的外在世界，又属于主观的内在世界；既属于人的精神世界，又属于真实的物理世界，而且还属于数学形式的柏拉图世界。

人类的经济体系、经济制度、经济行为、经济现象毫无疑问是人自身的创造物，却又不是人类凭空的创造物。如果我们对人的经济世界的本质没有清楚的认识和深刻的辨析，我们就不可能真正理解经济学这门学科的

① 李维. 数学沉思录：古今数学思想的发展与演变 [M]. 黄征，译. 北京：人民邮电出版社，2010.

本质，我们将会永远陷入一种左右为难的尴尬境地而难以自拔。实证经济学方法论本质上就是试图将人类的经济世界看作客观的物理世界那样进行研究。事实证明，实证经济学方法论所取得的成果是非常有限的，其方法论的哲学基础并不稳固。

《新经济学》第三卷将带领读者进入"经济学的形而上学本质"这样一个充满各种困惑和陷阱的陌生领域。尽管充满各种困惑和陷阱，但是有一点是非常清楚的，那就是如果希望真正理解人类经济行为或经济世界的本质，我们就必须深刻认识人心的无限创造性。因为人间的一切创造皆是人心的创造。

五

第四卷题为《经济体系的动态演化》。人类自己创造的经济体系是一个动态演化的生命体系，这是新经济学范式的根本哲理基础——人心面向未来的无限创造性——必然推导出的基本结论。从动态演化生命体系的视角来研究人类经济体系，是新经济学范式和新古典经济学范式的最本质区别。

从生物学视角研究人类经济活动，恰恰是新古典经济学之父马歇尔（Alfred Marshall）的终极梦想。马歇尔在新古典经济学的奠基著作《经济学原理》第 8 版序言里明确指出：

> 经济学者的朝圣之地不是动态经济学而是经济生物学。然而，生物学的概念比机械学的概念要复杂得多，因此，一部论述经济学基础原理的著作必须将大部分篇幅给予整个经济体系里堪与机械体系类比的那一部分。正因此，我们就不得不经常使用均衡的理念或术语，均衡当然总是蕴含着一种静态的意义或类比。此外，本书所关注的重心乃是现代社

会人类生活的正常条件或状态。二者结合以来，决定了本书的中心思想是静态理念，而不是动态理念。然而，尽管如此，对动态变化力量的考察和分析却贯穿全书的始终。全书的关键词是动态，而不是静态。[①]

遗憾的是，马歇尔的继承者并没有沿着他所期望的方向前进。相反，马歇尔《经济学原理》所着力分析的静态均衡模型却成为真正的主流经济思想。

从动态演化生命体系视角研究人类经济体系，就必须引入物理学家所创造的"熵"或"熵减"理念。自从克劳修斯引入熵的概念以来，科学家围绕熵的真正含义一直争论不休。薛定谔在他那本著名的小册子《生命是什么》里以"负熵"来描述生命的本质。《新经济学》第四卷则首次以"生命内能"或"创造性内能"的基本概念来概括生命的本质。生命内能或创造性内能正是人心无限创造性的内在原动力，也是人类一切经济活动尤其是创造性经济活动的原动力。

从动态演化生命视角研究人类经济体系，就必须抛弃新古典经济学视作理所当然的那些基本概念，如静态、均衡、简单、线性，并重新引入现代复杂科学所开创的新理念，如动态、非均衡、复杂、非线性。这必将开辟经济学研究的崭新天地。

六

第五卷题为《创造、创新和企业家精神》，旨在探索和总结人类创新活

---

① Alfred. Marshall, *Principles of Economic*, Macmillan and Co., Ltd. 1920, p.v–xvii.

动和创新体系的基本规律。

新古典经济学没有企业家、创新和创造的概念。翻阅当今任何一本权威经济学教科书，你几乎找不到关于企业家、创新和创造的论述，因为新古典经济学所描述的经济体系本质上是一个没有主角、毫无特色、了无生机的静态均衡体系。

然而，企业家才是人类经济活动尤其是创造性经济活动的真正主角。正如 20 世纪伟大的经济学者熊彼特（Joseph A. Schumpeter）所说："企业家是刺激和发动其他一切事情的中枢。我们所说的企业家或创新者就是这样一类特殊人种，他们四处寻找艰难和挑战，为了改变而寻求改变，他们敢于冒险，乐此不疲。"[①]

人类群体里最能彰显人心面向未来的无限创造性者，毫无疑问是思想家、科学家、艺术家和企业家。新经济学范式认为企业家是一切创造性经济活动的中枢或主角。要真正认识人类经济体系动态演化的本质，就必须深入研究企业家创造性经济活动的基本规律。

其实，《新经济学》全五卷的内容皆是在探索创造和创新的内在规律。我们从人心面向未来的无限创造性的本质出发，开启探索人类经济体系复杂性丛林的艰难历程，饱览人类无数超级天才所创造的辉煌成就，见证硅谷和以色列创新生态体系所创造的惊人奇迹。我期望以此总结出人类创新创造活动和创新体系的内在规律。

---

① Joseph A. Schumpeter, *The Theory of Economic Development: An Inquiry into Profits, Capital, Credit, Interest, and the Business Cycle*. Harvard University Press, 1934, p.93–94.

七

20 世纪伟大的物理学家、量子力学奠基人海森堡曾经生动地描述他当年的创造性心路历程：

> 爬山的时候，你想爬某个山峰，但往往到处是雾……你有地图，或别的索引之类的东西，知道你的目的地，但是仍坠入雾中。然后……忽然你模糊地，只在数秒钟的工夫，自雾中看到一些形象，你说："哦，这就是我要找的大石。"整个情形自此而发生了突变，因为虽然你仍不知道你能不能爬到那块大石，但是那一瞬间你说："我现在知道我在什么地方了。我必须爬近那块大石，然后就知道该如何前进了。"①

如果说《新经济学》记录了我试图攀登经济世界那座真实山峰的一些模糊风景和点滴感受，那么我必须承认，我至今还没有看到那座山峰的全貌，甚至连海森堡所描述的茫茫大雾中那块大石头的影子也还不是很清晰。

然而我坚信，每个人心中都有一座高山，人生的理想就是不断攀爬和努力登顶这座心目中的山峰。这是一个充满惊喜和满怀激情的艰难征程，我希望有更多的年轻朋友和我一同进发。

---

① 杨振宁.杨振宁文录：一位科学大师看人和这个世界 [M].杨建邺，选编.海口：海南出版社，2002：281.

绪 论

确知应该理性地去追问哪些问题，这本身就已经是深具智慧和洞见的伟大且必需的证明。因为，如果一个问题本身荒谬绝伦，还要去寻求这个荒谬问题的答案，而它本来就不可能有任何答案，那么，如此一来，就不仅仅会让提出问题的人蒙羞，而且会误导那些不谨慎的听者，去追逐荒谬的答案。这正是古人所嘲笑的荒谬场景：一个人给公羊挤奶，另一个人竟然还在下面支着一把筛子。

　　　　　　　　　　　——康德，《纯粹理性批判》之《超越的逻辑》

1

需要为经济学寻找一个新的、更坚实的理论基础，这一点毋庸置疑。因为以新古典经济学为代表的主流经济学的理论基础已经被反复证明是不全面或是有重大缺陷的，对于解释人类最重要的经济现象完全不合适。新古典经济学尤其无法解释信息技术时代和人工智能时代最令人瞩目的经济事实，这些经济事实恰恰决定着人类的未来。

信息科技时代最重大的事实就是科技创新的加速度增长或指数式增长。计算机科学家和人工智能预言家雷·库兹韦尔将科技创新的指数式增长称为技术进化的加速回归定律，亦称为人类历史的指数发展观。[①]

然而，主流经济学最重要的理论基石却是规模收益递减规律。规模收益递减规律能够较好地解释主要依靠自然资源投入来创造产出的农耕时代的经济现象，却很难解释主要依靠技术进步或技术创新的工业时代的经济现象，更是完全不能解释主要依靠智力、知识、信息和数据的信息时代的经济现象。

面向未来的经济学的理论基础必须基于人类知识或科技进化的指数增长规律，即使全面纳入规模收益递增规律也是不够的。为达此目的，我们必须深入考察技术指数增长背后的动力机制，即人的创造力或创造性的基本规律。

---

① 雷·库兹韦尔. 奇点临近 [M]. 李庆诚，董振华，田源，译，北京：机械工业出版社，2011.

2

本卷试图给经济学提供一个新的哲理基础，或者说，本卷试图从一个新的视角来理解人的经济行为和人类经济现象。这个新的视角建立在对人的行为本质重新认识的基础之上。

本卷的基本出发点是人内在具有的面向未来的无限创造性。面向未来的无限创造性是人的本质，是宇宙一切生命的本质。整个宇宙就是一个具有无限创造性的生命实体，一个具有无限可能性、无限创造性的生命体系，支配它演化发展的最高规律就是生命的基本规律。

生命的基本规律就是它的无限创造性和无限创造力。宇宙间没有任何力量能够阻挡生命的扩张或延伸，直至生命弥漫或征服整个宇宙。

以所谓熵增铁律断定宇宙必定最终趋于死寂的热力学第二定律只描绘了宇宙演化的一个侧面——负能量侧面。然而，宇宙生命演化真正重要的规律则是宇宙演化的正能量侧面——生命的无限创造性、无限可能性、不断诞生的新秩序。生命的无限创造性和无限可能性——熵减的趋势——始终占据着宇宙演化的主导地位，即始终对抗或抵消着熵增的趋势。

生命的本质就是熵减，这是量子力学奠基人之一薛定谔对生命本质的简洁定义。[1] 宇宙始终处于熵增和熵减的对立统一和相互转化之中，正是这种对立统一和相互转化构成了宇宙生命演化永恒的动态特征。生命演化没有任何均衡或静态。个体生命死亡的那一刻或许可以称为均衡或静态，然而，任何死亡的个体依然永远处于宇宙大生命的演化熔炉之中，所谓方生方死，方死方生，生生不息，永无静止。

---

① 埃尔温·薛定谔. 生命是什么 [M]. 罗来鸥，罗辽复，译，长沙：湖南科学技术出版社，2003: 66–72.

有多种概念描述熵增：阴、坤、负能量、物质；也有多种概念描述熵减：阳、乾、正能量、精神。生命的表现形态无限多样，没有人能够预知生命形态的多样化如何呈现。人类一切活动及其成果皆是生命创造性的体现和结晶，经济活动自不例外。生命的创造性自有它独特的规律和特征，探索这些规律正是人类一切哲学思辨和科学研究的最高任务。

3

提出一个新的经济学的哲理基础，并不是要否定经济学的其他哲理基础。我不寻求、不希望去颠覆或取代其他经济学的哲理基础或研究视角，也不企图对现有主流经济学的哲理基础做什么补充和完善。

因为，人类学问本来就是无限多样，观察世界的角度本来就有无穷多个，这也是生命本身的意义。不同视角和不同研究范式的相互竞争辩论、求同存异，才能丰富我们对世界的认识。

当代主流经济学——新古典经济学——的哲理基础自有其独到之处，新古典经济学作为一门试图解释和理解人类经济行为和经济现象的公理化学问，历经数百年的发展才形成一个完整的体系，它对人类经济行为和经济现象的观察和解释也足以启发心智、开拓心胸，然而它也有其内在局限和不足。

4

主流经济学的现状在很大程度上类似于 19 世纪后期的物理学。19 世纪后期公认的物理学乃至整个自然科学的理论基础是牛顿力学，物理学者试图以牛顿力学原理来解释他们所发现的一切物理或自然现象。然而，19 世纪物理学最重要的发现是电磁现象，而牛顿力学却很难解释电磁现象。相反，法拉第—麦克斯韦电磁学理论却对电磁现象做出了非常完满的解释。

法拉第—麦克斯韦电磁学理论与牛顿力学完全不相容，牛顿力学建立在单个质点之间的超距作用的基础上，电磁学理论却是基于法拉第提出的"场概念"的基础之上。物理学家为此困惑了近一个世纪，包括法拉第和麦克斯韦在内的大物理学家都企图以牛顿力学来解释电磁现象，企图将电磁学理论纳入牛顿力学的范畴之内。他们潜意识里依然将牛顿力学作为整个物理学和自然科学的基础，可见一个科学范式一旦形成，影响就非常深远和牢不可破。这种努力其实代表着物理学家的高远理想，那就是用一个统一的理论来解释一切物理现象或自然现象。

5

同样，今天主导和引领人类经济的关键和核心力量是指数式增长的技术创造或技术创新。决定人类经济体系的产业结构、产业链、价值链、贸易结构、贸易形态、财富或收入分配，乃至国家兴衰的关键和核心力量是知识、科技、信息和数据的创造与运用。决定人类经济或每一个国家经济命运的核心因素早已不是所谓的资源禀赋，早已不是所谓储蓄和投资的均衡和转化，而是知识和技术的创造和积累，即知识和技术如何转化为新的产业、高质量企业家的数量以及他们的创造和创新精神。

由高质量的企业家主导和引领的经济体系是一个完全面向未来的创造性的生命演化体系，一个熊彼特式的创新和创造性毁灭体系。

然而，今天全世界主流经济学杂志和教科书所传播的思维方式依然是基于给定资源要素禀赋的最优配置或运用，基于经济体系能够自动迈向充分就业均衡的供求力，基于所谓完全市场竞争的帕累托最优，基于没有任何主角的企业结构、市场结构和生产函数。

易言之，虽然现实生活里无数的经济现象和事实，尤其是那些决定人类未来经济面貌和国家兴衰的重大技术革命及其推动重大技术和产业革命的企业家和创新精神，完全不能用新古典经济学的理论来解释，然而经济学者却试图将这些最重要的经济事实纳入新古典经济学的理论框架之内，由此产生许多荒诞不经的解释和理论逻辑上的内在矛盾。尽管许多经济学者偶然也会面对现实经济现象感到目瞪口呆或不知所措，恰如 19 世纪后期许多物理学家面临新的物理现象不知所措一样，然而，大多数经济学者却没有勇气和能力彻底抛弃新古典经济学那一整套理论基础和方法论。

6

如果从亚当·斯密算起，新古典经济学的理论基础直到阿罗—德布鲁模型才最终完成，历时将近 200 年。这套理论基础对经济学者的思维影响之深，远远超过牛顿力学对物理学家思维的影响。经济学者对于人类经济体系的任何现象，都企图以新古典经济学理论来解释，从一般的资源配置和价格现象，到产业结构和市场结构，到贸易形态，到制度选择，到经济增长，到财富分配，直到公司兴亡和国家兴衰。即使经济学者知道很多以新古典经济学理论为基础的解释只是差强人意，他们也依然不能或不愿意放弃新古典经济学最基本的理论基础。一方面是因为新古典经济学理论具有巨大的说服力、诱惑力和影响力，另一方面是经济学者一直没有找到能令人信服的新的理论基础。

7

　　新古典经济学给人类经济体系所构造的图像非常类似于牛顿力学所构造的宇宙图像。牛顿的宇宙图像包括如下基本要素：作用力和反作用力；作用力和反作用力相互作用达到均衡；宇宙正是在作用力和反作用力的支配下达到均衡状态；宇宙中任何物体的运动皆受作用力和反作用力的支配，且所有物体的运动皆迈向均衡状态；这个宇宙图像能够以很少的几个变量和连接这些变量的方程式来完整描述；给定初始条件和作用力，运用牛顿力学方程式能够计算出任何物体在任何时候的状态（速度和位置）。简言之，宇宙就是一个自动迈向均衡的机械体系。

　　新古典经济学所构造的人类经济体系图像与这个牛顿宇宙图像完全吻合：经济体系由作用力和反作用力支配，供给和需求就是经济体系里的作用力和反作用力；供给和需求必然相互作用并逐渐达到相互均等的均衡状态，即所谓市场出清；经济体系正是在供给和需求的相互作用下实现均衡；经济体系的任何经济行为皆受供给和需求力量的支配，即使是经济整体行为亦应作如是观（总供给和总需求）；任何经济行为必然迈向均衡状态（具有确定的行为方向）；这个经济体系的整体图像同样可以用一些变量和方程式来完整描述；给定初始条件，运用这些方程式就可以计算出（推测出）任何经济行为主体在任何时候的经济行为状态。简言之，人类经济体系就是一个自动迈向均衡的机械体系。经济学者所用的那些基本概念，如均衡、静态、动态、调节、最大化、刚性、摩擦等，就是从牛顿力学概念里直接借用过来的。

8

牛顿力学是一个公理性的学术体系，同样，新古典经济学也是一个公理性的学术体系。

依照张五常教授在《经济解释》中的简要论述，所谓公理性的学术体系，就是"公理性是指有武断性的假设与有一般性的定义或定律，从而推出可以验证的假说。验证是求错或求'证伪'，要以可以观察到的事实或现象从事，没有被事实推翻就算是过了关，即是通过假说的验证而做了解释。社会科学中只有经济学以公理性的原则从事解释，但所有自然科学皆属公理性，解释的方法跟经济学用的相同"[①]。

易言之，新古典经济学的研究方法与物理学的研究方法完全相同。新古典经济学最重要的公理化假设就是所谓人性自私或理性经济人假设，翻译成数学语言就成为效用最大化或局限条件下的效用或利润最大化，它有一个非常严谨的名称——需求定律。张五常教授将全部经济学的理论基础简化为需求定律，也就是一条向右下方倾斜的需求曲线。

9

牛顿力学或自然科学被构造成为一个公理化的体系，背后是西方科学发展深厚和悠久的历史背景。西方世界第一个公理化的学术体系是欧几里得几何学。笛卡儿第一次指出欧几里得几何学可以建立在两个不言自明的公理或判断之上。

---

① 张五常. 经济解释（二〇一四合订本）：科学说需求 [M]. 北京：中信出版社，2014：227.

正如爱因斯坦所指出的那样，欧几里得几何学的真正起源是建立在概念构造同感觉经验之间的联系之上的。将几何学公理化的代价则是放弃了概念构造同感觉经验之间的联系，也就是欧几里得几何学的公理构造所依据的经验基础已被遗忘了。①

现代西方科学正是以欧几里得几何学为基本数学工具，将物理学或整个自然科学构造成一个公理化体系，看似顺理成章。同样，将经济学公理化所付出的代价也是放弃或忘记了概念构造同真实世界感觉经验之间的联系。经济学者似乎已经不关心经济学的那些公理化假设是否与真实世界的经济事实相吻合，他们只关心如何从那些公理化假设出发推导出一套逻辑自洽的理论体系。

10

虽然如此，作为公理化体系的物理学和作为公理化体系的经济学却有本质上的不同。

正如张五常教授所指出的那样："自然科学的公理的起点，一般是基于真有其物，或从事者相信真有其物。是神奇的学问，因为先前无从观察但认为是有之'物'，若干年后往往被证实为有。爱因斯坦几次推中，其天才近乎神话了。经济学呢？公理的起点一般不是基于真有其物——例如功用、需求量、均衡、极大化等不仅全属虚构，有道的经济学者知道是空中楼阁，不会愚蠢地试行证实其存在。"②

---

① A. 爱因斯坦. 走近爱因斯坦 [M]. 许良英，王瑞智，编. 沈阳：辽宁教育出版社，2005：155–160.

② 张五常. 经济解释（二〇一四合订本）：科学说需求 [M]. 北京：中信出版社，2014：230.

易言之，自然科学的公理是有经验基础的，是真实的，然而经济学的公理却是没有或缺乏经验基础的，不是真实的或不完全是真实的。这个问题并没有引起经济学者广泛而深入的讨论，大家似乎觉得那根本不是一个问题。米尔顿·弗里德曼甚至说经济学的基础假设是否真实根本无关宏旨，只要根据那些假设能够推导出可被证伪的理论结论就行了。张五常也是这个主张。科斯不同意弗里德曼的方法论，却欣赏张五常的实证经济学问。①

实际上，只要稍微思考人类知识的内在逻辑，我们就会发现，基于完全或部分不真实的公理或假设建立起一整套经济学学术，这本身就是令人惊奇的事情。如果一门学问的公理化假设与真实世界完全脱节，它推导出来的理论或结论又怎么能够符合真实世界呢？这个方法论问题并不是那么值得去讨论。

11

我认为经济学者近乎"机械式"地照搬物理学的思维方式，以不真实的公理或假设来构造一个公理化的经济学学术体系，至少是部分走错或走偏了。

易言之，我们需要深刻反思人类经济行为或一般而言的人类行为的本质，即需要深刻反思人性的本质。我们不能仅仅将所谓自私、理性经济人或效用最大化当作一个不言自明的公理不去深究。正是基于对人类行为本质或人性本质的深刻洞察，我们才能洞察人类经济体系的本质特征或内在动力。经济学对人性的假设必须符合人性的本质，而不能是不真实的或部

---

① Milton Friedman, *Essays in Positive Economics*, The University of Chicago Press, 1953, p.3–43. R.H.Coase, *Essays on Economics and Economists*, The University of Chicago Press, 1994, p.15–33.

分真实的随意假设，不能是空中楼阁。

12

那些并非真实的公理化假设——正如张五常所说，放眼窗外，我们看不到任何需求曲线，那些所谓均衡、供求量、效用等，皆属空中楼阁，看不见摸不着——如何可以成为一门学科的理论基础？

实证科学方法论给出的强有力的理由是：只要我们能够从这些公理化假设出发，依照人类理性的必然逻辑——依照那些公认的逻辑和概念之间的关系——推导出关于真实世界的可观察到的结论，而且这些结论确实被真实世界证实或者没有被证伪，那么，我们就认为或相信那些公理化假设及其相对应的理论解释了真实世界的现象，或者说那些公理化假设及其相对应的理论让我们理解了这个世界。这就是科学意义上的"解释""理解""推测"的全部含义。

由此可见，实证科学的任务主要包括三个相互关联的工作：提出或构造公理化的假设并由此构造出一个完整的理论；从该理论推导出关于现实世界的可以被观察或被检验的结论或推断；用观察到的真实世界的现象来证实或证伪理论推导出来的结论。

提出或构造公理化的假设及其相对应的理论也有两种不同的方法：一种是从观察现象或经验里归纳出普遍性的公理或理论，一种是从先验的普遍公认的原理出发直接推导出理论。前者被称为经验构造理论，即理论假说和概念的提出源自对经验事实的观察、总结和归纳；后者被称为理性构造理论，即从少数几个甚至一个不言自明的原理或原则出发，推导出整个理论体系或概念体系。从学术历史考察，经济学的理论基础或公理是两种方法共同使用或相互交汇的结果。

13

就经济学这门学问来说，它有两个主要的起源：一个是 18 世纪苏格兰启蒙运动所孕育出来的英国经济学传统，一个是法国重农学派所孕育出来的欧洲大陆经济学传统。

大体而言，英国经济学传统属于经验主义传统，欧洲大陆经济学传统则属于理性建构主义传统。前者主要倾向于从日常经验的观察里归纳出具有普遍性的理论，后者则趋向于从普遍公认的原理出发推导出具有普遍性的理论。

经济学的英国经验主义传统的主要代表人物是：大卫·休谟、亚当·斯密、约翰·穆勒、威廉·斯坦利·杰文斯、阿尔弗雷德·马歇尔、约翰·梅纳德·凯恩斯、米尔顿·弗里德曼、罗纳德·科斯、张五常。

经济学的欧洲大陆理性建构主义传统的主要代表人物是：重农学派的弗朗索瓦·魁奈、奥古斯丹·古诺、莱昂·瓦尔拉斯、卡尔·门格尔、大卫·李嘉图、卡尔·马克思、约瑟夫·熊彼特、路德维希·冯·米塞斯、弗里德里希·冯·哈耶克、欧文·费雪、肯尼思·约瑟夫·阿罗、G. 德布鲁、保罗·萨缪尔森、莫里斯·阿莱、罗伯特·蒙代尔。

就一般科学方法论而言，经验构造论和理性构造论究竟孰优孰劣，答案见仁见智。譬如，爱因斯坦在创立广义相对论之前，相信经验决定论，即相信物理学理论必须从经验事实出发来归纳和总结。广义相对论创建之后，爱因斯坦的科学哲学发生革命性变化，他转而相信物理学理论必须从不言自明的基本原理出发，即从纯数学原则出发。当然，殊途同归，这两个构造科学理论的基本方法并不矛盾，因为依据感觉经验或事实构造的理论必须符合最基本的原理，从最基本原理出发构造的理论也必须符合经验事实。这种方法论哲学同样适用于经济学。从经验事实归纳出来的经济学理论必须符合人类行为的最基本原理，从人类行为基本原理推导出来的经济学理论必须接受经验事实的检验和证实。

14

本卷试图对新古典经济学的公理化基础或理论基础做出批判性的反思，由此提出一个新的经济学的哲理基础。

我的反思主要集中在 4 个重点：

其一，我心目中的人类经济体系的图像与新古典经济学所构造的经济体系的图像完全不同。我认为，人类经济体系的真实图像是一个动态演化且面向未来永恒创造的生命体系，不是一个自动迈向均衡的机械体系。这里的核心区别是"生命体系"和"机械体系"的区别。

其二，新古典经济学对人性本质或人类行为的公理性假设是效用最大化或利润最大化。我认为人类行为的本质是面向未来的无限创造性，它包含道德（精神）的创造性和知识（物质）的创造性。

其三，新古典经济学的原初性或本源性的问题是给定资源禀赋的最优配置或最优利用，即所谓最大化问题。我认为经济学的本源性问题不是给定资源约束的最大化利用，而是人类面向未来的创造性行为。

熊彼特首先系统区分了人类的创造性经济行为和适应性经济行为，这是一个具有开创性的洞见。

其四，新古典经济学的全部理论皆围绕价格理论或价格的形成问题展开。自古典经济学时代开始，经济学者将全部经济问题归纳为三个问题：生产什么、如何生产、为谁生产。依照新古典经济学的基本理论，全部经济学三大问题的解决皆依靠价格机制来完成。

价格机制的问题又分为两个问题：价格是如何决定的和价格决定什么。回答第一个问题依靠供求分析架构；第二个问题的答案就是张五常教授毕生致力的经济解释，即将所有价格理解为局限条件，经济解释就是解释局限条件下的行为转变，或者局限转变如何引起行为转变。然而，我认为经济体系作为一个生命演化体系，最核心和最关键的问题并不是价格如何决定和价格决定什么，即经济学的核心问题不是价格理论，而是人的创造性如何赋予万物以价值。

简言之，我试图改变或替代新古典经济学的三个基本公理：以生命体系图像替代新古典经济学的机械体系图像，以面向未来的无限创造性替代新古典经济学的理性经济人或效用最大，以新资源、新信息、新秩序的创造替代新古典经济学的资源要素禀赋给定下的最大化配置或最大化运用。

经济学作为一门公理化学问的基本性格可以继续保留。

这就是我所希望实现的经济学思维方式或研究范式的转换。我相信新的范式能够以更加令人满意和更加完备的方式，来解释范围更加广泛的经验事实，特别是人类经济体系里那些最重要的现象或事实。

15

我反复质问自己：我所希望实现的经济学范式转换或给经济学引入的新的哲理假设，是否具有足够稳固的理性基础，是否为人类的思辨理性许可？

问题的核心是对人性本质的洞察。

多年思考的结果，让我深信人性的本质即生命的本质是面向未来的创造性。创造性不仅是永恒的，而且是无限多样的，具有无限可能性。它包含道德（精神）的创造性和知识（物质）的创造性。我相信人性或人心的无限创造性是经济学乃至一切社会科学最终的理论基础。面向未来的创造或发现是人类经济行为最本质、最重要的特征。新古典经济学所假设的资源要素禀赋给定条件下的最大化行为，只是面向未来的创造性行为的一个辅助条件或工具。

16

泰戈尔对人类社会的深刻见解对我们重新认识人类经济体系的本质具有重要启示。1930 年 7 月 14 日，印度伟大哲人和诗人泰戈尔在与爱因斯坦的谈话中说："物质是由质子和电子所组成，在两者的中间没有任何东西；但物质也可能是一种连续的东西，即各个电子和质子之间可能并无空隙。同样，人类虽然由个人所组成，但在个人之间却存在着人的相互联系，这种联系使人类社会具有像生命机体一样的统一性。整个宇宙也同我们相联系，就像同个人相联系一样。这就是人的宇宙。"[1]

人类社会具有像生命机体一样的统一性，这是多么卓越的见解！或许我们今天还根本没有理解人类社会的运行机理究竟是什么。经济学者仅仅将个体行为简单相加而得到所谓宏观经济学，肯定是非常浅薄甚至是根本错误的。

---

[1] A. 爱因斯坦. 走近爱因斯坦 [M]. 许良英，王瑞智，编. 沈阳：辽宁教育出版社，2005：197.

17

经济学迄今为止最具笼罩性的理论体系仍然是供求理论体系，其最基本的概念就是供给和需求、成本和收益。它们之间的逻辑关系就是一种迈向均衡的机制或关系，这种关系被称为价格机制。

从斯密开始，经济学者给价格机制以各种不同的名称，因为价格机制在人类经济活动的不同领域或经济行为的不同侧面具有各自不同的特征。虽然具有各自不同的特征，却都可以适用供求分析的基本理论架构或分析逻辑。

早在 1776 年，斯密就相信价格机制或供求机制的"看不见的手"给了人类经济体系一个统一的解释架构。马歇尔在《经济学原理》的序言中欣喜地写下"多样性的统一和统一的多样性"，也是为经济学具有一个统一的理论架构而内心喜悦。百年后张五常出版《经济解释》，则将经济学的基本定律简化为一个需求定律。根据张五常教授的阐释，全部经济学就在需求定律那里获得高度统一。

18

这个统一的供求分析架构既适用于个体行为的分析，也适用于总体经济或宏观经济整体行为的分析，即所谓总供给和总需求分析；既适用于所谓实体经济或真实经济的供求分析，也适用于货币和金融市场的供求分析；既适用于投资，也适用于储蓄；既适用于股票，也适用于债券；既适用于国内经济，也适用于国际贸易，甚至还能适用于现在与未来的交换——利率和时间的分析。

公正地说，供求理论架构或分析体系是经济学几百年发展的巅峰成就。

新古典经济学说到底就是一个完整的供求分析理论体系，只不过它是基于一套严格的假设基础之上。

19

这套供求分析或成本—收益分析架构（或理论体系）对于人类经济现象或行为的某些方面富有极具说服力的解释。譬如，对于给定预算约束或收入约束下的消费者选择行为，对于给定生产要素约束下的生产者行为选择，对于给定要素禀赋条件下的贸易行为等。这就是为什么贸易理论、消费者行为理论和生产者行为理论是经济学最早取得辉煌成功的领域，由此也建立起经济学这门学科的权威或声望。因为新古典经济学的供求分析理论体系就是以资源要素禀赋给定为基本假设，再加上所谓理性经济人和信息完全的假设。

20

然而，一旦面临要解释人类经济行为里面最重要、最关键、最激动人心的那些领域，新古典经济学的供求分析架构就显得手忙脚乱甚至语无伦次了。譬如对于经济增长、技术进步、制度变迁、经济周期、金融危机、经济危机等这些人们最感迷惑的经济现象，供求分析架构就显得软弱无力。

早期的经济学者面临这些问题时，照样寄希望于供求分析架构。譬如早期的经济增长模型就是基于投资和储蓄的供求均衡分析，内生增长理论本质上也没有超越供求分析架构。而对于企业家、创新者、创造性毁灭等人类经济最具特征性的现象，供求分析架构就完全无能为力，所以从马歇尔到萨缪尔森再到曼昆等人的经典教科书里，根本就找不到对此类现象的系统阐释。

我们从新古典经济学的经典教科书里，根本看不到企业家和企业家精神、创新和创造性毁灭，更不用说那些伟大企业家和创新者的名字，如洛克菲勒、摩根、卡内基、福特、盖茨、乔布斯等。因为，对于企业家和创新者而言，资源禀赋从来就不是给定的，正如硅谷著名投资家彼得·蒂尔的畅销书《从0到1》所揭示的那样，企业家和创新者的本质作用就是"从无创造有"。

21

新古典经济学的巨大影响，深远而且牢不可破，以至像张五常教授这样富有创造性和灵感四射的天才人物，一生皆致力于将全部经济学简化为一条向右下方倾斜的需求曲线。

拜读张五常教授的《经济解释》，仅看后面的人名索引就知道他的学术精神起源和传承。斯密、马歇尔、科斯、弗里德曼是张五常引用最多的前辈学者。应该说，张五常的《经济解释》是马歇尔传统的巅峰成就。

然而，正如爱因斯坦总结理论物理学所说的那样：任何追求高度纯粹性、精确性和明晰性的理论体系总是要以牺牲完备性为代价。也就是说，新古典经济学看似那样严谨和纯粹的理论体系，事实上却将其解释力缩小到人类经济现象或行为的一个很小的领域，甚至是最不重要的领域，那就是资源禀赋给定条件下的资源最优配置。然而，真正引领人类经济朝前迈进的内在力量却是人的无限创造性，是那种"从无创造有"的精神、知识、科技和创新的制度或组织。

22

真正突破新古典经济学理论体系的是熊彼特的经济学。熊彼特对创新和企业家精神、创造性毁灭的深刻阐释前无古人，迄今为止也是后无来者。尽管熊彼特在维也纳大学的老师都是边际效用革命时代经济学的领军人物，然而他似乎从一开始就对新古典经济学的那套理论深表怀疑，或者坚信新古典经济学者所描述的那种静态均衡的经济体系顶多只能算是我们分析真实经济动态演化的一个起点或参照系。

熊彼特26岁完成的《经济发展理论》一书，第一章就用颇为晦涩难懂的语言描述经济体系的所谓静态循环过程。然而熊彼特的真正目的不是去深挖那个静态循环过程的细节或机制，而是探索打破那种沉闷、毫无生机的静态体系的动态力量。他发现这种力量不是别的，就是企业家及其创新精神。

其实，熊彼特的经济学才是对新古典经济学体系的真正革命。不幸的是，熊彼特和凯恩斯同年出生，"既生瑜又生亮"。凯恩斯《就业、利息和货币通论》（以下简称《通论》）所引发的思想革命在数十年里完全笼罩了西方经济学，完全掩盖了熊彼特经济学应有的光芒。某种意义上，这不仅是经济学的不幸，也是人类经济发展的不幸。

23

凯恩斯的追随者欢呼凯恩斯开启了经济学的革命，某种意义上这是完全正确的欢呼。细读凯恩斯《通论》就会知道，《通论》的全部问题都是针对以李嘉图为代表的古典经济学和以马歇尔、庇古为代表的新古典经济学而发。

凯恩斯对李嘉图经济学统治英语世界长达一个世纪之久深表痛心。为什么呢？因为李嘉图经济学就是所谓的长期静态均衡或稳态模型，从不考虑经济增长、经济波动或经济周期。李嘉图经济学背后的理论基石就是所谓货币中性或货币长期中性假说。

从李嘉图、穆勒、萨伊一直到马歇尔，他们构造了一个自动调节、自动迈向均衡、自动实现资源最优配置的经济体系。在这样一个理想的经济体系里，资源得到最优配置，实现所谓"人尽其才，物尽其用，地尽其利"；这个经济体系里没有周期波动，没有危机，没有失业，当然也就不需要政府干预。马歇尔有一句名言："上帝端坐天堂，人间平安无事。"这句话恰如其分地概括了古典经济学和新古典经济学的学术性格和精神状态。

李嘉图所构造的这个理想的经济体系基于非常严密的行为假设和严谨的数学论证，所以征服了几乎所有经济学者。凯恩斯在《通论》里感慨万千，说李嘉图征服经济学世界就好比当年天主教教条征服整个西班牙那样完全和彻底。

凯恩斯对马歇尔经济学可谓了如指掌。他的父亲就是马歇尔最早的弟子和亲密同事。孩提时代的凯恩斯就经常参加马歇尔的家庭聚会。马歇尔去世后，凯恩斯为纪念马歇尔所写的文章举世闻名，从中就能看到，凯恩斯不仅对马歇尔经济学了如指掌，而且对马歇尔经济学的发展历程的每个细节都如数家珍。

根据科斯教授的考证，马歇尔原本也考虑过让凯恩斯做自己剑桥大学经济学教授讲席的继承人，后来却选择了庇古做自己的衣钵传人。这是不是刺激凯恩斯对"恩师"马歇尔的经济学发起革命的一个原因？没有明确结论，此处也不细说。然而，凯恩斯长期浸淫在马歇尔的新古典经济学体系里，对马歇尔满怀尊重和爱戴，却能够摆脱这套理论体系的束缚，开创一个全新的理论体系，仅此一点就足以称其为"思想革命"。

24

具体而言，凯恩斯经济学革命就是凯恩斯否定了李嘉图古典经济学和马歇尔新古典经济学的那些最重要的假设和结论，随之也就否定了它们的政策主张。

凯恩斯所否定的李嘉图经济学的第一个基本假设是：货币中性或货币长期中性。货币中性或货币长期中性是古典和新古典经济学的基石，以李嘉图为代表。该假设认为货币只是一层面纱，货币供应量只决定物价水平，对真实经济（总产出或就业）没有任何影响，这就是经典货币数量论最重要的结论。

凯恩斯完全否定了货币中性，认为货币对人类经济活动具有深刻影响。货币不仅是连接现在和未来的主要变量，而且是决定总产出或就业，尤其是短期总产出或就业的关键变量。将货币纳入产出决定方程式，是凯恩斯经济学革命的主要成果之一。

凯恩斯所否定的李嘉图经济学的第二个基本假设是：经济体系本质上是一个非货币经济体系，是一个真实经济体系，货币和金融对经济体系的长期均衡或经济体系的本质而言，乃是无关的变量。

根据古典经济学和新古典经济学货币中性的基本假设，既然货币对总产出和就业没有任何影响，那么，人类经济体系本质上就成为一个纯粹真实的或非货币的经济体系了。这就是新古典经济学所谓"二分法"的起源。

新古典经济学认为，根据真实经济和货币金融的二分法，经济学者只需要致力于研究非货币的真实经济体系如何运转就行了。至于货币，它只影响物价水平，对所有真实变量（就业、产出、利率等）都是无关紧要或完全无关的。所以古典经济学和新古典经济学的利率理论通常被称为真实利率理论，它不包括任何货币因素。直到欧文·费雪大名鼎鼎的《利息理论》出版，他讨论利息理论首先也是不纳入货币因素的。

凯恩斯所否定的李嘉图经济学的第三个基本假设是：信息完全和预期稳定。尽管古典经济学、新古典经济学以及凯恩斯本人都没有明确讨论信息，然而古典经济学和新古典经济学暗含的基本假设就是信息完全，信息完全就意味着预期稳定或不变。依照古典经济学和新古典经济学，既然信息完全和预期不变，它们也就不是总产出和就业的决定变量了。凯恩斯完全否定了这个基本假设。《通论》第五章开宗明义就说："预期是决定产出和就业的变量。"[①]

25

正因为凯恩斯否定了古典经济学和新古典经济学的上述基本假设，所以他才引入了革命性的新假设。

这些新假设包括：货币非中性或货币幻觉；预期不稳定、非理性行为或动物精神；利率的货币理论；货币是决定产出和就业的重要变量；由预期、投资规律（资本边际效率下降）、利率和现有产出所决定的投资函数；由预期、心理规律（消费趋向边际下降）、利率和现有产出所决定的储蓄或消费函数；由投资函数和消费函数共同决定的总需求函数和总供给函数。

从这些基本假设、基本概念出发，凯恩斯得出了一系列与古典经济学和新古典经济学完全不同的基本结论。其一，总投资和总消费所决定的总需求可能严重不足或小于总供给；其二，失业或产出不足是必然结果；其

[①] John Maynard Keynes, *The General Theory of Employment, Interest and Money*, Macmillan and Co. Ltd., 1964, p.46.

三，经济体系不会像古典和新古典经济学所认为的那样，会自动调节或自动迈向均衡，经济体系的常态反而是偏离均衡或出现失业均衡；其四，为了将经济体系推向均衡或充分就业，就必须有某种外部力量来补充总需求不足，这个外部力量当然就是政府了。补充总需求不足的主要手段当然就是政府的财政政策了。

26

单从凯恩斯否定了古典经济学和新古典经济学的一些最重要假设，引入了一系列新的假设和概念，导出了一系列新的结论和政策主张，完全可以说凯恩斯开启了经济学的革命，开创了现代宏观经济学。这是毋庸置疑的。当然，正如一千个人阅读《红楼梦》必然且至少会有一千种情感和解读，像《通论》这样充满各种新奇思想和灵感四射的经典著作，每个读者的理解必定千差万别。然而，没有人能够否定凯恩斯开启了经济学的新时代。

27

然而，站在今天的视角，我们又可以说，凯恩斯革命其实并没有那么"革命"，或者说，站在今天新古典经济学的立场上，我们可以说凯恩斯革命并不彻底。

如果站在经济学新范式——面向未来的无限创造性范式——的视角来考察凯恩斯经济学，我们甚至可以说，凯恩斯革命其实不是一场革命，而只是新古典范式内部的调整。

其一，凯恩斯所研究的中心课题，依然是给定资源禀赋条件下的最优配置或充分配置问题（短期就业或产出问题），而不是"从无创造有"的创造性问题。所以凯恩斯的经济周期理论完全基于货币因素或预期改变因素，而不是基于熊彼特式的创新和创造性毁灭。著名管理学大师德鲁克对此都有深入理解，他的著作《创新和企业家精神》就赞扬了熊彼特经济学，批评了凯恩斯经济学。

其二，凯恩斯所使用的分析方法，其实依然是古典经济学和新古典经济学所使用的分析方法，即供求均衡分析方法。

其三，尽管凯恩斯否定了古典经济学和新古典经济学的基本假设，但是他依然肯定，一旦经济体系达到充分就业，古典经济学那一整套理论和政策主张依然完全成立。可见，古典经济学和新古典经济学对凯恩斯的深刻影响是多么牢不可破。这也就为后来希克斯用"IS–LM"模型来总结凯恩斯革命，萨缪尔森、托宾等人将凯恩斯经济学重新拉回到新古典框架，提出所谓"新古典综合学派"开辟了道路，以至1975年海曼·明斯基重新阐释凯恩斯革命，对新古典综合学派口诛笔伐，说他们完全误解了凯恩斯经济学。

28

现代经济学脱胎于道德哲学或伦理学，同时深受现代科学尤其是牛顿力学思维方式的影响。

爱因斯坦说："科学就是一种历史悠久的努力，力图用系统的思维，把这个世界中可感知的现象尽可能彻底地联系起来。科学的目标是在发现规律，使人们能用这些规律把各种事实联系起来，并且能够预测这些事实，但这不是它唯一的目的，它还试图把所发现的联系归结为数目尽可能少的几个彼此独立的概念元素。"①

经济学数百年的发展也正是代表着这样一种持续的努力，试图找到经济现象背后的规律或秩序，并试图以尽可能少的概念将这些现象彼此联系起来，这就是经济学者心目中的经济科学。

事实上，经济科学确实取得了辉煌的成就，尽管我们对许多最重要和最奇特的经济现象还知之甚少，这也正是激励我们去不断改变或创新经济学思维方式或研究范式的主要动力。

新的思维方式、研究范式和概念范畴并不是一定要取代已有的思维方式、研究范式和概念范畴，而是试图站到一个新的视角来观察和认知人类经济现象。对自然科学而言，各种不同的思维方式、研究范式与其说是相互取代，倒不如说是相互补充。因为原则上，每个人都具有独特的认知世界的模式，它们共同构成的认知图景或许才比较接近客观世界的真实面貌。

29

一个具有创造性的科学家或经济学家所提出来的思维方式和研究范式之所以得到大家的重视和推崇，并非因为他的思维方式和研究范式是唯一的，而是他确实找到或发现了一个独特的视角，让我们对客观的自然现象或经济现象有了全新的、独特的认知。

爱因斯坦相对论之所以伟大，并不是因为它穷尽了宇宙自然的一切真理，不是因为它是唯一的物理学研究范式或思维方式，而是因为它开

---

① 许良英，等.爱因斯坦文集：增补本.第一卷 [M]. 北京：商务印书馆，2009.爱因斯坦两篇著名文章《物理学和实在》和《关于理论物理学的方法》，可以重点参考。

启了我们认识宇宙自然奥秘的一个新视野、新方式。它也并非完全取代了牛顿力学，它与牛顿力学长期共存。随着人类知识和智慧的进化，必定有更新的科学理论能够发现比相对论和量子力学更多的宇宙自然之谜，这是完全可以肯定的。相对论的数学描述（尤其是广义相对论）非常复杂，然而其基本思想却非常简单和明白。这正是一切伟大科学理论的共同特征。

30

同样，新古典经济学的数学模型非常复杂，复杂到经济学研究生都难以完全明白，然而，新古典经济学的基本思想却非常简单和明白，那就是它将人类经济体系看作一个自动迈向充分就业均衡的自我调节体系，即资源得到最优配置和充分利用的均衡体系。经济体系从本质上非常类似于牛顿力学所描述的机械体系，这恰好说明了牛顿力学思维方式对经济学思维方式所产生的巨大和深远的影响。这种影响如此深刻，以至经济学者通常都不会觉得新古典经济学的思维方式源自牛顿力学。

31

凯恩斯革命的本质并不是否定经济体系是一个迈向均衡的体系，而是否定了经济体系能够自动迈向均衡。易言之，凯恩斯认为，如果我们信奉所谓自由放任的经济哲学理念，让经济体系自我调节，那么经济体系就很可能或根本不能自动迈向充分就业均衡，它很可能或必然迈向某种"失业均衡"——经济体系里的资源得不到最优配置和利用，这意味着经济的衰退、萧条或停滞。

这个基本思想也非常简单。凯恩斯的真正贡献是他构建了一个逻辑自洽的理论或数学模型，以证明自由放任的经济体系确实会迈向失业均衡。

依照熊彼特的分析，凯恩斯的数学模型包括 5 个所谓内生变量和一个外生变量：5 个内生变量是国民收入、就业量、消费、投资、利率；一个外生变量则是货币供应量，货币供应量由货币当局的政策行动决定。这些变量由三个基本方程或所谓心理规律相互联系起来：消费函数、投资函数和流动性偏好函数。[①] 简言之，所谓凯恩斯革命或凯恩斯宏观经济学就是由三大函数和六大变量共同构成。

这些变量和函数构成的经济体系还是一个迈向均衡的体系，只不过不像新古典经济学所假设的那样，是能够自动迈向充分就业均衡的体系，而是会迈向失业均衡的体系。要推动经济体系实现充分就业，就必须引入新的外生变量，这就是凯恩斯设想或建议的政府财政赤字或干预政策变量。

从这个基本意义上说，凯恩斯经济学依然属于新古典经济学，依然是牛顿力学思维方式在经济学中的运用。牛顿用几个很少的变量和方程就能够描述和计算自然界和天体的运行规律，同样，凯恩斯试图用三大函数和六大变量来描述和计算人类经济体系的运行规律。这个思维方式的吸引力是毋庸置疑的，这也正是凯恩斯革命迅速征服世界的关键原因。

---

① Joseph A. Schumpeter, *History of Economic Analysis*. Oxford University Press, 1954, p.1170–1177.

32

　　我今日所倡导或建议的经济学思维方式或研究范式的改变，一是源自我对新古典经济学哲理基础的长期反思；二是源自我对华夏固有的伟大高深哲学——心学——的学习和体悟；三是源自多年来我对人类创新历史和本质的研究，尤其是对人类创造力的研究。

第一章

女王之问和主流经济学的危机

经济学就像是纯数学的一个分支。作为以经济学基础理论而著称的新古典经济学，已经把这个多姿多彩而又错综复杂的世界简化成了用几页纸就能写尽的一系列狭隘、抽象的法则。所有的教科书都充满了数学等式。最优秀的年轻经济学家们好像都在把自己的学术生涯奉献给对一个个定理的证明，而不顾这些定理和现实世界是否有任何关系。

——沃尔德罗普，《复杂》

从趣闻逸事说起

1999 年，我到哥伦比亚大学读书。恰逢蒙代尔教授荣获当年诺贝尔经济学奖，国内《经济学周报》主编高小勇先生委托我专访蒙代尔。

采访中我问蒙代尔教授："您觉得现代经济学能够解释多少真实世界的经济现象？"蒙代尔答道："不到 30%，或许连 10% 都不到，不过我的理论能解释 70%！"（大笑）

我又问："经济学解释能力差强人意的原因是什么？"蒙代尔答道："经济学许多假设脱离现实，理论过度数学化。"

老教授的回答让我深感困惑："高度数学化"不正是现代经济学的最大优势吗？逻辑严谨，数学高深，模型优美，预测精准，不正是经济学家追求的最高境界吗？

蒙代尔出自麻省理工学院大宗师萨缪尔森门下，是萨大师最得意的弟子之一。萨缪尔森是经济学高度数学化的主要推动者，年纪轻轻就出版《经济分析基础》一书，风靡学界数十年。该书也成为推动经济学高度数学化或模型化的"圣经级"经典著作。萨缪尔森有多位弟子荣获诺贝尔奖：克莱因、斯蒂格利茨、莫顿等，皆因构造高深数学模型闻名于世。为什么蒙代尔却批评经济学的麻烦是过度数学化呢？

以后多年里，只要有机会，我就喜欢向蒙代尔教授请教一些经济学家的历史掌故和思想贡献。有一次我问他："您怎么评价您的恩师萨缪尔森？"蒙代尔答道："他应该是有史以来最优秀的数学模型大师，却缺乏真正具有穿透力的思想（他用的词是 sweeping ideas）！"这个回答让我大吃一惊，也让我有了一个疑问：蒙代尔是说恩师的经济学有漂亮的形式却无深刻的内容，还是说恩师的经济学缺乏坚实的理论基础或者理论基础不够宽广和厚重？

转眼到了 2008 年，全球金融危机掀起惊涛骇浪，数十万亿美元财富灰飞烟灭，随之灰飞烟灭的是经济学者及其理论模型的崇高声誉。那貌似高深莫测和优美严谨的经济学理论模型因为没能预测到金融危机而饱受诟病。

据说英国女王伊丽莎白二世的资产也遭受重大损失。当她视察大名鼎鼎的伦敦政治经济学院时，面对众多知名人士，女王忍不住发问："为什么没有人察觉到危机呢？"后来英国科学院于 2009 年 6 月 17 日召开了一场论坛，他们经过深思熟虑，向女王陛下递交了一份答案。马丁·沃尔夫（英国《金融时报》资深首席经济评论员）评论说，"这绝不是一个令人满意的答案"[①]。

2010 年，刚刚荣获当年诺贝尔经济学奖的克鲁格曼跑到英国发表演讲，竟然公开宣称：过去几十年的宏观经济学，说得好听一点儿百无一用，说得难听一点儿贻害无穷！我问蒙代尔如何评价克鲁格曼的评论，蒙代尔答道："言辞虽然尖刻，却不无道理。不过我的宏观经济理论不在此列！"（一笑）

多年来，我经常有机会向张五常教授请教经济学，也曾多次向这位老教授请教如何评价经济学的解释能力。张教授对大多数经济学者及其理论的解释和推测能力评价都比较低，他喜欢用的词儿是"很蠢的理论""蠢到死""毫无解释力"，但是对自己独创的"经济解释"的解释力或推测准确性却信心百倍。据说有追随者替张教授统计过，他的经济解释方法曾经准确推测过至少 26 件中国经济大事发生，依推测准确度来看，张教授的经济解释高居世界第一！然而，记得有一次主持一个讨论会，我当面询问几位号称追随张教授经济解释传统的学者：你们解释和推测了多少重要经济现

---

① 马丁·沃尔夫. 转型与冲击：马丁·沃尔夫谈未来全球经济 [M]. 冯明，程浩，刘悦，译. 北京：中信出版社，2015：190–191. 其他报道里相关细节略有不同。

象或事件？竟无一人回答，场面颇为难堪。难道号称追随张五常教授经济解释方法的学者只是说说而已？

自 2008 年全球金融危机让经济学声望一落千丈以来，越来越多的学者开始深入反思这门学科。像格林斯潘、克鲁格曼、斯蒂格利茨、马丁·沃尔夫等著名人物都纷纷站出来，大声疾呼经济学者需要改造自己的理论，尤其要改造宏观经济学。一些经济学者开始致力于将金融部门引入宏观经济模型。根据他们的说法，宏观经济学之所以缺乏解释能力，是因为模型里没有明确引入金融部门，这当然是令人吃惊和非常奇怪的反思。与此同时，新古典经济学那些完美而严格的假设受到越来越深刻的质疑，行为经济学或行为金融学开始大行其道；所谓非理性、非均衡、动物精神、欺骗讹诈、明斯基时刻等新古典模型无法解释的现象或行为日益受到重视。

然而，经济学这门学科的问题仅仅就是高度数学化或解释能力不足吗？仅仅是宏观模型里没有明确引入金融部门吗？经济学的问题究竟出在哪里？

看来是时候从基本哲理上、从整体上来重新思考一下这门社会科学的"显学"了，是时候系统深入反思主流经济学的根本理论基础了。如果这门学科的根本理论基础确实有重大缺陷或不足，那么我们就应该努力重建它的理论基础，至少应该去努力寻求如何补充或夯实它的理论基础。因为，如果一门学科或科学对现实经济世界的解释能力受到普遍质疑，那么这门学科的麻烦就绝不是简单或个别的假设或理论有问题，而是整体或根本的理论基础存在重大缺陷。

经济学的根本理论基础究竟有什么内在缺陷？

以上趣闻逸事告诉了我们什么呢？

首先，它表明当今人们对经济学这门社会科学中最重要的"显学"的极度不满已经不是个别现象，而是一种普遍的失望甚至恼怒。经济学者包括那些荣获诺贝尔奖的大师级经济学者似乎对这门学科的现状更加不满，这难道不是很奇怪的现象吗？难道不是值得深入思考的现象吗？它还说明，凡是真正严肃对待这门学科的人都应该深刻反思和检讨，为这门学科开辟新的方向或开拓新的方法。

其次，它告诉我们，包括经济学者本身的很多人对经济学失望的主要原因是经济学的解释力和预测力太差。依照现代实证经济学的基本信念和方法论，经济学的解释能力和推测能力是一回事儿，能够解释就是能够推测，解释不了就推测不了，解释能力差就是推测能力差。经济学者无法推测出金融危机的爆发，就说明经济学者根本就没有解释经济危机的能力。

如果坚持这样的看法，那么就会引发几个更深入的问题。

其一，作为一门社会科学或学问，衡量经济学思想、理论或模型的试金石难道真的只能是或必须是所谓的解释能力或推测能力吗？人们对其他社会科学（如哲学、政治学、社会学、心理学）似乎没有如此严格和明确的要求，为什么单单对经济学提出如此严格的要求？经济学的特殊性究竟在哪里？

其二，解释和推测真的是一回事儿吗？解释和推测真的应该完全等量齐观吗？

其三，最麻烦的是：解释到底是什么意思？推测又是什么意思？实证经济学方法论当然有一个答案：从现象里提炼或归纳出一个假说或一个理论，该假说或理论又能推导或演绎出可被证伪的结论或可被验证的推测，那么此现象就算是被解释或者被推测了。

然而，所谓解释和推测难道就必须是这个意思吗？人们对历史学、哲学、心理学、政治学等的要求似乎不是这样，这些学科不也是致力于解释和推测人类的历史现象、政治现象、心理现象、社会现象吗？为什么单单给经济学的"解释"以如此这般的要求？

对经济学过度数学化的批评尤其显得奇怪。高度数学化不是任何学科应该追求的最高目标吗？如果说经济学这门学科真的有很大问题，那么，过度数学化应该是结果而不是原因。换句话说，过度数学化是经济学更深层次问题所必然导致的结果。数学化甚至过度数学化本身并不是问题，真正的问题是这门学科的根本理论基础有内在缺陷。这就是为什么我们必须从根本理论基础上来重新审视这门学科。

投资大师对经济学的辛辣讽刺和尖锐批判

我曾读过投资大师查理·芒格的一个长篇演讲稿，题为《论学院派经济学：考虑跨学科需求之后的优点和缺点》。坦率地说，这个演讲稿给我很大震动，同时更加坚定了我为经济学寻求一个新的理论基础的决心和意志。

查理·芒格是举世知名的投资大师，也是沃伦·巴菲特的黄金搭档。他不是毕业于经济学专业（他毕业于哈佛大学法学院），更不是职业经济学家，然而，通过数十年非凡的成功投资经历，芒格接触了许许多多顶级的经济学者，自然对经济学的那些理论耳熟能详。他还通读了哈佛大学经济学教授曼昆那本风靡全球的教科书。通读的理由是，芒格听说曼昆写这本教科书拿了一大笔预付稿费，他想知道曼昆凭什么拿这么一大笔预付稿酬！①

---

① 20世纪90年代曼昆开始撰写教科书时，拿到出版社高达140万美元的预付稿酬，这在当时算是天文数字的预付稿酬了。英国《经济学家》杂志对此还有过报道。

芒格对主流经济学的那些理论有过辛辣的讽刺，对那些商学院奉为圭臬的经典金融理论的抨击更是毫不留情，诸如有效市场假说和资产定价理论。

他举的例子就是他和巴菲特管理的伯克希尔—哈撒韦公司几十年投资获得惊人成功的传奇故事。该公司数十年投资很少失败，市值从最初的1000万美元上涨数万倍，达到数千亿美元。经济学者如何解释它的成功故事呢？

芒格说："曾经有位获得诺贝尔奖的经济学家在很长的一段时间里如此解释伯克希尔—哈撒韦的成功：起初，他说伯克希尔能够在流通股投资上打败市场，是由于一个运气西格玛，因为在他看来，除了靠运气，没有人能够打败市场。这种僵化的有效市场理论在当时各个经济学院非常流行。人们学到的理论是没有人能够打败市场。接下来，这位教授随后又引入了第二个西格玛、第三个西格玛、第四个西格玛，到最后，他总共用到了六个运气西格玛，引起了人们的嘲笑，于是他终于不再这么做了。然后呢，他的解释扭转了180度。他说：'仍然是六个西格玛，但那是六个技艺西格玛。'"①

芒格接着说："伯克希尔取得了非凡的业绩，但我们从来毫不留意僵化的有效市场理论，我们也从来不曾留意从这种思想派生出来的各种理论。人们将这些学院派经济学理论用于公司理财，进而演变出诸如资产定价模型等等荒谬的理论，我们从来不去注意。鬼才相信只要投资高波动性的股票，每年就能获得比市场平均回报率高七个百分点的收益。"

投资大师对新古典经济学登峰造极的理论——有效市场理论——的辛

① 彼得·考夫曼. 穷查理宝典：查理·芒格智慧箴言录 [M]. 李继宏，译. 北京：中信出版社，2016：392–393.

辣讽刺和批评可算是无以复加了。

芒格详细指出学院派经济学，也就是新古典经济学的 9 个基本缺陷。

第一个缺陷：致命的自闭，也就是经济学的"铁锤人综合征"。这种综合征导致经济学者过度强调某些可以量化的变量或因素，却往往忽视那些原本更加重要却无法量化的因素。

第二个缺陷：没有采用硬科学（物理学）基本的全归因治学方法。易言之，经济学借鉴了许多其他学科的知识和方法（譬如物理学），却没有说明这些知识和方法的来源，也没有明确说明这些知识和方法是否适用于研究经济行为。经济学方法论始终还是一笔糊涂账。经济学应该吸收其他学科的精华或方法，却更应该明白经济学与其他学科的不同之处在哪里。

第三个缺陷：物理学妒忌。也就是经济学者盲目追求像物理学那样的精确或准确，结果就只能采取挂一漏万的极端简化的模型方法。实际上，经济系统是一个非常复杂的系统，经济学者渴望做到像物理学那样精确不会给经济学研究带来任何好处，只会让经济学者陷入无限麻烦而不可自拔。

第四个缺陷：经济学者过度强调和重视宏观经济学，对真正重要的微观经济现象却研究不够。实际上，经济学者至今也没有真正理解宏观经济现象，因为那是一种最复杂的现象。

第五个缺陷：经济学过度强调某些因素或部分均衡，没有综合经济学之外的知识，也没有综合经济学内部的知识。易言之，经济学者将经济体系内部各种因素的相互影响及其因果关系处理或想象得太简单了。通常，经济学者总是从一个线性模型的角度去思考问题，但是实际经济现象却完全不是线性关系。

第六个缺陷：经济学者对心理学的极度无知，造成很多负面后果。

第七个缺陷：经济学者对经济体系各种变量所产生的二级或更高级别的效应关注太少，这依然是经济学习惯使用简单线性模型思维方式的结果。然而经济体系的正反馈或负反馈现象不是简单的线性效应，而是二级或更高级别的效应或反馈。

第八个缺陷：经济学者对灰色经济或地下经济现象（芒格称之为"捞灰金"现象）关注太少。

第九个缺陷：经济学者对美德效应和恶行效应不够重视。易言之，经济学者从来不重视人的道德素质（善行还是恶行）对经济行为具有决定性。①

阿罗的反戈一击

20 多年前，我曾经读过一本有趣而富有启发性的著作《复杂——诞生于秩序与混沌边缘的科学》，该书是美国《科学》杂志编辑米歇尔·沃尔德罗普记录和描写美国桑塔菲研究所的创办历史和趣闻逸事的著作。②

桑塔菲研究所创办于 1984 年，致力于探索 21 世纪的新科学，致力于改变或颠覆统治人类数百年的科学思维方式，致力于创造以复杂性、演化、混沌、非线性为关键词的新科学。

桑塔菲研究所的创办人和研究人员来自多个领域，包括诺贝尔物理学奖得主默里·盖尔曼和菲利普·安德森，经济学诺奖得主肯尼斯·阿罗，致

① 彼得·考夫曼. 穷查理宝典：查理·芒格智慧箴言录 [M]. 李继宏，译. 北京：中信出版社，2016：398–428.

② 米歇尔·沃尔德罗普. 复杂：诞生于秩序与混沌边缘的科学 [M]. 陈玲，译，北京：生活·读书·新知三联书店，1997.

力于研究经济体系里规模收益递增和锁定效应的经济学者布莱恩·阿瑟，计算机科学家约翰·霍兰德，演化生物学家和混沌理论家斯图亚特·考夫曼，等等。

肯尼斯·阿罗如此积极参与桑塔菲研究所的创办尤其引人注目，因为众所周知，与萨缪尔森一样，肯尼斯·阿罗是现代数理经济学的首要开创者之一。高度数学化的阿罗—德布鲁数理经济学模型是一切新古典经济学模型的基准模型，据说阿罗荣获诺奖的弟子比萨缪尔森荣获诺奖的弟子还要多。顺便说一句，阿罗和萨缪尔森是郎舅关系（阿罗娶了萨缪尔森的妹妹），他们二人主导了20世纪经济学数理化的进程，真算是一件奇事。像阿罗这样一位殿堂级的现代经济学家竟然积极参与创办致力于创造新科学的桑塔菲研究所，难道是阿罗早就洞察到经济学具有不可救药的内在缺陷，决心反戈一击来彻底改造它吗？

《复杂》一书对经济学的批评非常精彩，这里引述两段文字："经济学就像是纯数学的一个分支。作为经济学基础理论而著称的'新古典'经济学，已经把这个多姿多彩而又错综复杂的世界简化成了用几页纸就能写尽的一系列狭隘、抽象的法则。所有的教科书都充满了数学等式。最优秀的年轻经济学家们好像都在把自己的学术生涯献给对一个个定理的证明，而不顾这些定理和现实世界是否有任何关系。

"经济学理论过于简化了……经济学的不可理喻的非现实性。计量经济学家们如此成功地把他们的学科转变成了假扮的物理学，在他们的理论中，人类所有的弱点和激情都被滤去了。他们的理论把具有动物本能的人描绘成了像粒子那样的东西：'经济人'，就像神一样的存在物。这些存在物的理性思维永远是完美无缺的，永远是冷静地追求可以预测的自我利益。就像一个物理学家可以预测一个粒子对任何一组特定的力会作（做）出何种反应那样，经济学家也可以预测经济人会对怎样的特定的经济形势作（做）出何种反应：他（或它）会正好把自己的'实用功能'发挥到极致。

"同样，新古典经济学把经济状况描绘成永远处于完美的均衡之中，供总是正好等于求，股票市场永远不会被疯癫和狂泻所覆没，任何一家公司都不会强大到能够垄断市场，十全十美的自由市场的魔术总是能够把经济效益发挥到最大值。没有比这种观点更能使阿瑟想到十八世纪的启蒙运动了。启蒙运动时期的哲学家们把宇宙看成是艾萨卡·牛顿完美运行定律下的一种巨大的、精确有如时钟的装置。唯一的区别是，经济学家们似乎把人类社会看成是在亚当·斯密那只看不见的手操纵下的一个上足了润滑油的机器。"①

上述批评直指主流经济学的核心观念或假设：

一是理性经济人假设；

二是均衡假设；

三是机械假设，即将人类经济体系看作一个类似于牛顿力学所能够描述的机械体系或物理体系；

四是经济学的高度数学化。

三个基础假设和精致的数学模型共同构造起巍峨庄严的现代经济学大厦，即新古典经济学基础理论所完全主导的学术体系。

三个基础假设是新古典经济学最基本的哲学理念，代表着经济学者对人类行为本质和人类经济体系本质的基本观念。数学化模型则是三个假设必然会推演出的结果。

本卷所倡导的"新经济学"正是试图从基本哲理上颠覆主流经济学的

---

① 米歇尔·沃尔德罗普.复杂：诞生于秩序与混沌边缘的科学 [M].陈玲，译，北京：生活·读书·新知三联书店，1997：12–13.

三个基础假设：以面向未来无限可能的创造性或面向未来的价值创造取代理性经济人的效用最大化假设；以动态、演化、自组织等演化理念取代均衡假设；以作为演化生命体系的经济体系取代主流经济学将经济体系看作机械体系的假设。至于数学模型方法则无须取代，只不过经济学不需要也不可能完全数学化。

第二章

与现实脱节的学问

古典经济学家们生活在人类有史以来最波澜壮阔的工业革命的发端时代，在他们的眼皮底下，无限广阔的机会和可能性正在迅速变成现实。然而，他们却什么也没有看见，蜷缩于那极其狭小的蜗牛一角，为他们那五斗米奔波劳累，却越来越感到力不从心！

——熊彼特，《经济分析史》

近 300 年经济理论（或思想，或分析方法，或学说）发展史，确实呈现出一个非常奇怪的现象，那就是经济学尤其是主流经济学的理论假设、分析方法和基本模型似乎总是与时代脱节。

这种与现实脱节的奇特现象，似乎已经说明了主流经济学这门学科存在严重的内在缺陷。主流经济学长期以来与现实脱节的现象实在是令人瞠目结舌。如果考虑到经济学这门学科对于今日世界和社会越来越重要，那么这种脱节的现象就必须尽快得到纠正。

在开启现代宏观经济学的经典著作《通论》里，凯恩斯对 19 世纪以李嘉图为代表的古典经济学和以马歇尔、庇古为代表的新古典经济学深表不满，甚至相当愤慨。《通论》的问题基本都是针对李嘉图和马歇尔而发。凯恩斯唯一称赞的 19 世纪的经济学家是马尔萨斯，因为马尔萨斯是第一个明确讨论经济波动尤其是经济衰退和停滞的经济学家。

凯恩斯认为，19 世纪以李嘉图为代表的古典经济学几乎完全与经济现实脱节，古典经济学家根本不关注普遍存在的经济波动和就业不足问题，却沉迷于所谓长期静态均衡或稳态均衡模型。《通论》明确指出，只有当经济体系实现充分就业之后，古典经济学的均衡价格分析才能派上用场。所以凯恩斯喟叹曰：假若 19 世纪经济学不是被李嘉图的经济学思维范式支配，经济学将会变得多么丰富啊，人类的经济状况也可能变得更加富有！[1]

20 世纪上半叶另一位经济学大师熊彼特在许多方面与凯恩斯的观点迥异，然而对 19 世纪古典经济学的不满和批评却完全一致，尽管批评的理由不同。熊彼特在其巨著《经济分析史》里，非常严厉地批评了 19 世纪的古典经济学脱离现实，因为 19 世纪正是工业革命风起云涌之时，创新、创造

① John M. Keynes, *The General Theory of Employment, Interest and Money*, Macmillan and Co., Ltd. p.4–5.

性毁灭、企业家和企业家精神已经成为西方世界经济演变的主旋律和主角。然而，古典经济学家却依然沉醉于所谓的静态、均衡、稳态和原子式的竞争，仿佛外部世界波澜壮阔的工业革命与经济学毫无关系。古典经济学家和新古典经济学家构造了一个与现实世界基本没有关系的理想"乌托邦"。

熊彼特以犀利的语言批评19世纪英国的古典经济学家："他们生活在人类有史以来最波澜壮阔的工业革命的发端时代，在他们的眼皮底下，无限广阔的机会和可能性正在迅速变成现实。然而，他们却什么也没有看见，蜷缩于那极其狭小的蜗牛一角，为他们那五斗米奔波劳累，却愈来愈感到力不从心！"

马克思同样对和他同时代的经济学和经济学家非常不满。马克思研究经济学的巅峰时期正是全球第二次工业革命的酝酿期（19世纪40年代至70年代），资本主义经济制度和生产方式正在快速地改变或颠覆许多国家的经济面貌（尤其是英国、美国和欧洲大陆）。由此产生出巨大的社会矛盾和冲突，如收入不公、贫富差距悬殊、失业、贫困、资本家对劳动者的残酷剥削、悲惨的童工雇佣等问题，皆是资本主义经济制度和生产方式取代传统经济制度和生产方式必然导致的重大社会问题（至少初期如此）。风起云涌的工业革命在创造史无前例的巨额财富的同时，也将许多国家的社会冲突和矛盾激化到革命爆发的"临界点"。

马克思敏锐地观察到资本主义经济制度和生产方式的内在矛盾和深刻弊端，深刻认识到资本主义经济制度和生产方式的内在动态特征。《资本论》是一部资本主义生产方式和资本主义经济体系动态演化的伟大"活剧"，现实、历史和理论逻辑交相辉映。无论是否同意马克思的多重理论结论和对人类经济社会的多重预测，几乎所有经济学者都同意，马克思对经济学的最重要贡献就是对资本主义经济制度和生产方式动态演化过程的深刻分析。

这个贡献是永恒的，对后世经济学者具有长期和深远的影响。

熊彼特对马克思推崇备至，尽管他不同意马克思的许多结论和预测。熊彼特的畅销著作《资本主义、社会主义和民主》开篇即以很大篇幅从多个角度论述马克思；他去世后问世的另一部著作《从马克思到凯恩斯的十大经济学家》，论述马克思的篇幅占据全书的四分之一。由此可见，马克思对熊彼特的影响之深之巨。

正因为马克思致力于探索资本主义经济体系动态演化发展的内在规律，所以他对同时代的古典经济学持严厉的批评态度。除了继承斯密和李嘉图的劳动价值论之外，马克思几乎对他同时代和之前的经济学持完全批评的态度，并斥之为资产阶级"庸俗经济学"。客观地说，马克思的经济学更符合 19 世纪资本主义经济制度和生产方式动态演化发展的现实。以李嘉图和穆勒为代表的 19 世纪古典经济学却与现实基本脱节。

譬如，马歇尔著名的《经济学原理》初版是 1890 年，到马歇尔去世时（1924 年），已经再版多达 8 次，成为英语世界乃至全球经济学术界无可争议的权威教科书，马歇尔也被尊称为新古典经济学的集大成者。那么，1890 年到 1924 年是一个什么时代呢？那正是人类第二次工业革命的巅峰时期。电力、内燃机、铁路网、汽车、石油、化工等划时代的技术发明和产业革命已经从根本上改变了许多国家的经济面貌和全球经济权力格局。美国迅速崛起为全球第一大经济体和第一工业强国，德意志帝国快速崛起并取代英国成为欧洲最强大的经济体，明治维新之后的日本迅猛崛起成为亚洲最具活力的经济体。

1900 年，世界上首次出现资本规模超过 10 亿美元的巨型公司——美国钢铁公司。洛克菲勒的标准石油公司则垄断了美国石油工业的 80% 以上，占全球石油工业的市场份额也超过 60%。此外，美国铁路、烟草、食品等几乎所有行业都呈现寡头垄断局面。与此同时，德国出现钢铁工业巨头克虏伯和蒂森，电力工业巨头西门子，化学工业巨头拜耳、赫斯特和巴斯夫，它们都是各个行业的垄断者。这种情形同样发生在其他快速工业化的国家和地区。

然而，如果翻开马歇尔的《经济学原理》，你几乎找不到对这种惊人的划时代现象的任何系统分析，甚至连这些公司的名字也找不到，通篇看到的依然是抽象的静态均衡分析，偶尔会发现一些对垄断者的分析和批评。这样评说马歇尔的伟大经典看起来似乎有失公允，但丝毫没有贬低《经济学原理》的意图。我对马歇尔的《经济学原理》拜读再三，它当之无愧是英国经济学术传统的巅峰之作。清晰的架构，细致的观察，入微的分析，平实的语言，正是斯密到马歇尔再至科斯所代表的英国经济学的学术传统的精华。

马歇尔给现代经济学提供了一个简洁和清晰的理论架构，那就是以供求均衡为基础原理的理论架构。马歇尔在《经济学原理》第一版序言里说得非常清楚，供求均衡是贯穿全书所有问题的基本思想。马歇尔并非没有认识到静态均衡分析的不足，他甚至认为所谓动态经济学也不是经济学者追求的终极目标，经济生物学才是经济学者应该追寻的最终圣地。

马歇尔在《经济学原理》第八版序言里明确指出："经济学者的朝圣之地不是动态经济学而是经济生物学。然而，生物学的概念比机械学的概念要复杂得多，因此，一部论述经济学基础原理的著作必须将大部分篇幅给予整个经济体系里堪与机械体系类比的那一部分，正因此，我们就不得不经常使用均衡的理念或术语，均衡当然总是蕴含着一种静态的意义或类比。此外，本卷所关注的重心乃是现代社会人类生活的正常条件或状态。二者结合以来，决定了本卷的中心思想是静态理念，而不是动态理念。然而，尽管如此，对动态变化力量的考察和分析却贯穿全书的始终，全书的关键词是动态，而不是静态。"①

细读马歇尔《经济学原理》，或许我们能够感受到马歇尔内心深处的某种遗憾甚至愧疚。马歇尔生活的时代正是第二次工业革命的巅峰时期，作为全世界最负盛名的经济学家之一，马歇尔怎么可能对外部世界天翻地覆的变革充耳不闻？他本人曾经专门去美国考察风起云涌的新工业革命，对美国颠覆式的科技创新和经济增长印象深刻。

1920年，当时已78岁的马歇尔为《经济学原理》第八版也是最后一版撰写序言时，他明确向读者报告，自从《经济学原理》第一版问世以来，他的研究计划总是随着工业革命的每一次巨变而不断修改和扩充。他坦诚自己由于精力日渐不济和其他原因，研究计划曾经不止一次地修改。事实上，马歇尔没能全部完成他那雄心勃勃的研究计划，即系统研究现实世界的具体经济问题，诸如产业、贸易、货币、金融、商业周期等。

尽管第八版序言继续为《经济学原理》所极力阐述的静态均衡和部分均衡分析方法辩护，但马歇尔道出了自己心中真正理想的经济学："经济学真正的主题是人类社会的变化和进步，无论是为善还是为恶，人类总是被迫变化和进步。因此，零碎的或部分的静态假设只能是动态经济学理念——严格说应该是生物经济学理念——的暂时性辅助或近似理念。然而，我们必须明确指出，经济学的中心思想必须是真实世界生机勃勃的生命力量和变化趋势，即使是我们仅仅研究经济学基础理论时，也必须将生命力量和变化趋势置于中心地位。"②

仔细体会马歇尔晚年的这些内心独白，我们是否能够做一个大胆的假

---

① Alfred Marshall, *Principles of Economic*, Macmillan and Co., Ltd. 1920, p.v–xvii.

② Alfred Marshall, *Principles of Economic*, Macmillan and Co., Ltd. 1920, p.xv.

设：假若上天再给马歇尔一次生命，他是否会全面发展他心目中的动态经济学或生物经济学，从而取代《经济学原理》所倡导的部分静态均衡理念？

无论如何，我们似乎可以公正地说，马歇尔的《经济学原理》的确没有为我们透彻理解"经济动态体系"或"经济生物学体系"提供足够的思维启迪和思想线索。

《经济学原理》系统阐述的分析结构是静态均衡价格分析，它成为后世经济学学术生命体系演化发展的核心基因。这个核心基因当然抓住了人类经济行为和经济生活的某些本质特征，却毫无疑问地忽视了人类经济行为和经济生活另外一些或许更具根本性的特征，诸如创造、创新、创造性毁灭；动态和不确定性；规模收益递增和技术的指数性增长趋势；垄断、寡占和锁定效应的不可避免；等等。供求均衡价格分析当然更不可能预测20世纪的信息科技革命和21世纪人工智能时代的来临，新古典经济学的基本理论架构从根本上将人类经济体系最具颠覆性的力量从我们的视野里完全抹去。

马歇尔的静态供求均衡分析具有一种典雅的数学之美，对绝大多数经济学者具有一种难以抗拒的吸引力，后世经济学者很自然地会将马歇尔的静态均衡分析当作经济学的标准。

马歇尔剑桥学派的衣钵传人庇古似乎比马歇尔还要"古典"或"新古典"。庇古两卷本巨著《福利经济学》所分析的重心是财富分配问题，与他所处时代那些最激动人心的经济现象离得更远。马歇尔和庇古所处的时代，是一个人类科技、产业和经济迅猛创新、突变和创造性毁灭的狂飙时代，经济学者却好像一群躲进深山老林的世外仙人，享受着那所谓静态均衡的宁静和安详！马歇尔有一句名言倒是恰如其分地描绘了他们的心态："上帝端坐天堂，人间平安无事。"

那么，20 世纪之后的情况怎样呢？马歇尔去世直到第二次世界大战结束的 20 多年里，主流经济学有两大标志性成就。

第一项成就是凯恩斯的《通论》，它算是最紧扣时代脉搏的经济学经典。《通论》的核心思想和理论分析架构究竟是凯恩斯年轻时代已经形成[①]，还是受 1929—1933 年经济大萧条的启发所致，这个问题经济思想史家会继续争论下去。但毫无疑问，《通论》开启的现代宏观经济学确实与那个时代最大的经济问题紧密相关，这是凯恩斯的伟大和独到之处。然而，从最基本的理念角度来考察，凯恩斯是否真正发起了经济学的革命，今天依然值得深入思考。

第二项成就是微观经济学领域对新古典马歇尔完全竞争均衡理论模型的修正，主要代表作是罗宾逊夫人的《不完全竞争经济学》和张伯伦的《垄断竞争理论》。这两部经典著作虽然给现代经济学的微观价格理论引入了一些新的概念术语和分析工具，但其精神实质与马歇尔和庇古并无二致，依然是一种静态均衡分析，与现实企业活生生的行为之间的距离依然遥远。

第二次世界大战之后，全球经济学术中心转移到美国，经济学研究进入全盛时期：经济学的影响力迅猛提升；经济学家出将入相，风光无限；经济学流派风起云涌，层出不穷，精彩纷呈。

概而言之，宏观经济学领域，先后有以萨缪尔森、索洛和托宾为主要代表的凯恩斯主义学派和新古典综合学派；有以弗里德曼为主要代表的货币主义学派；有以索洛为主要代表的新古典经济增长理论，以及随之而生的以阿罗、卢卡斯和罗默为主要代表的内生经济增长理论；有以卢卡斯、

[①] 熊彼特认为至少在 1919 年《〈凡尔赛和约〉的经济后果》出版时，凯恩斯已经完全形成其世界观。

巴罗等为主要代表的理性预期学派；有以普雷斯科特为主要代表的真实经济周期理论；还有以曼昆、斯蒂格利茨、阿克洛夫等为主要代表人物的新凯恩斯主义学派；等等。

微观经济学领域，则有以科斯、阿尔钦、威廉姆森、张五常为主要代表的产权和交易费用经济学；有以施蒂格勒为主要代表的产业组织理论；有以阿克洛夫、斯蒂格利茨、斯宾塞等为主要代表的不对称信息经济学；有以卡尼曼、席勒等为主要代表的行为经济学和行为金融学。

经济学分析方法的革命性突破可谓纷繁复杂、一言难尽。大体言之，则是数学方法全面引入经济学，包括数学的不动点定律、线性规划和动态线性规划、投入产出分析，以及各种高明且高深的统计方法等。

第二次世界大战之后，经济学分析方法最重要的发展则是博弈论被全面引入经济学，并大放异彩。

博弈论分析方法发端于对人类个体行为相互影响（博弈）的研究，奠基著作是冯·诺依曼和摩根斯坦的《博弈论与经济行为》。20世纪70年代之后，博弈论分析方法迅猛波及经济学的几乎所有领域，尤其是产业组织领域（以梯若尔为代表）和贸易理论。当然，博弈论本身的运用范围远远超出经济学，管理学、政治学、社会学、军事学等皆大量运用博弈论的方法。博弈论广泛深入地渗透到经济学，有人认为是过去数十年经济学领域的最大成就之一，有人（尤其是科斯和张五常）则认为是经济学的灾难性发展。

那么，第二次世界大战之后经济学取得的成就如此辉煌和缤纷多彩，是否摆脱了经济学脱离现实的魔咒？此问题当然无法一言以蔽之，而是见仁见智。

从所谓微观经济学领域来看，科斯毕生可以说一直不遗余力地批评主流微观经济学。有人说科斯不算是西方经济学的主流人物，然而，科斯却是经济学这门学科有史以来最奇特的一位人物。他一生发表的重要文章只有三篇，篇幅不到10万字，却开启了法律经济学、交易费用经济学和合约经济学三个重要的经济学发展方向。科斯不仅是诺贝尔经济学奖得主，而且是钱德勒研究美国企业历史发展的名著《看得见的手》里唯一被引用的经济学家。

芝加哥大学"大宗师"施蒂格勒的自传《施蒂格勒自传：一个自由主义经济学家的自白》，对科斯定律的发现过程有极其生动和幽默的描写。施蒂格勒称，发现科斯定律的灵感突发堪比阿基米德发现浮力定律的灵感突现。如此一位奇特的经济学家却毕生批评主流经济学的微观理论，主要理由就是主流经济学的微观理论"将企业看作一个黑箱、一个生产函数"，经济学实际上还是"黑板经济学或黑箱经济学"。[①]

科斯寄希望于张五常"将好的经济学搞起来"。所谓好的经济学，就是真实世界的经济学。现代管理学大师德鲁克曾经有一句相当刻薄的评论，说美国是"企业家瞧不起管理学家，管理学家瞧不起经济学家"。这种说法似乎从一个侧面说明经济学者研究和感兴趣的话题与管理学者相去很远，与企业家则相距更远。

一个最显著的案例是萨缪尔森的经典教科书《经济学》，自1948年第一版问世，至今已经第19版，其中对所谓完全市场竞争均衡和效率的描述从来没有改变过。

我们看萨缪尔森和诺德豪斯的著名教科书《经济学》第19版对所谓完全市场竞争和效率是如何论述的："经济学中最深刻的结论之一，就是资源在完全竞争市场中的配置是有效率的。这个重要的结论有一个前提假设，

---

① 乔治·J.施蒂格勒.施蒂格勒自传：一个自由主义经济学家的自白[M].李君伟，译.北京：机械工业出版社，2016.

即所有的市场都是完全竞争的，没有任何如污染或不完全信息等外部因素。

"衡量竞争性均衡的效率还有一种办法，就是比较均衡点 E 的微小变化所带来的经济影响。如以下三步分析所示，如果 $MU=P=MC$，配置就是有效率的。"[1]

像萨缪尔森和诺德豪斯这样荣获诺贝尔奖的顶级大师竟然没有认真想过：他们设想的那些完全市场竞争的假设，其实并非是所谓完全竞争，而是完全消除了竞争！完全竞争就是没有竞争，这是新古典经济学一个真正的悖论。

其他著名教科书的说法与此类似。下面请看斯蒂格利茨和曼昆的教科书。

斯蒂格利茨的《经济学》如是说："竞争市场经济的均衡是帕累托有效的——如果不使得其他某个人的境况恶化，没有人能够使得自己的境况得到改善。在竞争经济中，交换效率、生产效率和产品组合效率的条件都得到满足。"[2]

曼昆的《经济学原理》亦如是说："总之，这三个关于市场结果的观点告诉我们，市场结果使消费者剩余与生产者剩余之和达到了最大化。换句话说，均衡的结果是资源的有效配置。"[3]

所谓完全市场竞争其实就是完全没有竞争。然而，经济学者却依然生活在他们自己构建的乌托邦世界里，根本没有去思考真实经济世界究竟是什么样子。中国的经济学者亦步亦趋，也从来没有真正质疑过这种理论模

① 保罗·萨缪尔森，威廉·诺德豪斯.经济学（上）[M].19 版.萧琛，主译.北京：商务印书馆，2017：258.

② 约瑟夫·E.斯蒂格利茨，卡尔·E.沃尔什.经济学 [M].4 版.黄险峰，张帆，译.北京：中国人民大学出版社，2010：225.

③ 曼昆.经济学原理：微观经济学分册 [M].7 版.梁小民，梁砾，译.北京：北京大学出版社，2015：159.

型和分析方法究竟能够告诉我们什么。

宏观经济学的情况如何呢？本卷开篇引述了人们对宏观经济学的各种批评。目前公认的观点是：宏观经济学的主要缺陷是所谓的动态随机一般均衡模型忽视了金融部门。这听起来就极为奇怪！第二次世界大战之后，尤其是 20 世纪 70 年代之后，既是金融自由化和全球化的黄金时代，又是以华尔街为代表的美国金融业纵横世界的时代，还是金融业（或广义的金融资产）增速远远超过实体经济增速的时代。以解释经济周期波动为己任的宏观经济学竟然完全忽视了金融部门，这岂不是天大的玩笑。如果真是如此，那么说"经济学与现实脱节"就完全符合事实。

公正地说，经济学的高度或完全数学化是经济学与现实脱节的主要原因。

20 世纪 40 年代之后，以萨缪尔森、阿罗、德布鲁、莫里斯·阿莱、麦肯齐等为主要代表的数理经济学大师开始了经济学高度数学化的征程，也取得了极其辉煌的成就。

萨缪尔森的《经济分析基础》成为几代经济学者的"圣经"，阿罗—德布鲁的数理模型成为所有经济模型的规范。数学模型统治了英美顶级经济学杂志，没有数学模型的文章几乎没有发表的可能（科斯、阿尔钦、德姆塞茨、威廉姆森和张五常可能是少数几个例外）。经济学的高度数学化自然有其崇高的目标，那就是为经济学寻找到一个统一的分析方法或范式，并且以此寻找到一个经济学的大统一理论。萨缪尔森的《经济分析基础》旨在实现这个梦想。

高度数学化所付出的代价就是将所有不能数学化的因素都排除在外，最显著的就是熊彼特所强调的企业家、企业家精神、创新和创造性毁灭。即使是最复杂的动态数学模型也无法描述这些人类经济体系动态演化过程里最根本的内在力量，所以当代主流经济学实际上是"没有任何主角的经济学"。

　　完全竞争均衡的理念之所以挥之不去，就是因为完全竞争均衡有一个优美典雅的数学结构。弗里德曼在芝加哥大学讲授数十年的著名讲义《价格理论》就高度赞美完全竞争均衡的数学之美。然而，正如张维迎教授在其《经济学原理》中所指出的那样，完全竞争其实是没有任何竞争。① 我想任何思维严密的经济学家都知道这一点。完全竞争均衡理念的持久魅力正是其数学结构的优美典雅。

　　高度数学化之所以可能，更深层的原因则是经济学者对人类经济行为本质的基本假设，即所谓效用最大化和利润最大化假设。假若我们抛弃这个假设，或者人类经济行为的本质就不能使用这样的假设，那么，经济学的高度数学化或完全数学化就没有必要。经济学可能需要平衡地运用哲学、历史学、心理学、社会学和数学思维，而不仅仅是专注于追求数学模型的完善和优美。我们将在以下章节深入讨论这个问题。

---

① 张维迎. 经济学原理 [M]. 西安：西北大学出版社，2015.

第三章

主流经济学的理念传承

但是，我确实种下了效用之树。效用之树植根深厚，枝繁叶茂。

　　——杰里米·边沁，英国法学家、哲学家、经济学家批评一门学科谈何容易，何况是像经济学这样几乎包罗万象的庞大学科体系，非深造自得者不能为之。深造自得又是谈何容易，经济学文献浩如烟海，世上绝无任何绝顶天才能掌握全部经济学文献。倘若要求掌握全部经济学文献方能进行批评和检讨，则今日无人再敢批评和检讨。信息大爆炸时代，全球一日所发表的经济学文献，个人穷毕生精力也不能尽读。

然而，人类一切学问皆需要随时反思和检讨，以推进学科发展，以开启崭新的知识。我今日所言的批评办法，则是力求掌握经济学近 300 年发展的精神血脉及其演化过程，以窥见其精神血脉内在的不足或缺陷，并希望通过中华的高深哲理来补充完善。所以，我勾勒出近 300 年经济学发展历史上的主要代表人物，以窥见经济学理念和方法的演化和转折。

经济学近 300 年发展历史所一脉相传的精神血脉究竟是什么？这个问题颇难回答。盖 300 年经济学说、思想和理论发展史，可谓群星灿烂、精彩纷呈、演变繁复，即使某个经济学者的思想和理论也往往变化多端。纵使精通经济思想史的学者，也往往依照其偏好或时代风尚而有所选择，何况每个学者心目中何为重要思想、谁为重要学者，往往因人因时而异。

萨缪尔森 1961 年就任美国经济学会主席的演讲"经济学者及其观念史"里提到，芝加哥学派大师级人物施蒂格勒精于经济思想史，他认为经济思想史上被严重高估的学者是马尔萨斯。萨缪尔森不同意施蒂格勒的观点，他认为历史上被严重高估的经济学者是李嘉图。萨缪尔森还提到，熊彼特曾经在一次演讲里说，世界上 4 位最伟大的经济学家，有 3 位是法国人——瓦尔拉斯、古诺、魁奈！还有一位是英国人马歇尔。李嘉图、马克思、凯恩斯、费雪等均不在熊彼特最伟大的经济学家之列。

凯恩斯和费雪与熊彼特是同时代的人物，不在最伟大之列完全可以理解。为何李嘉图、马克思等也进不了熊彼特最伟大的经济学家之列？原因很难准确说明，大概是熊彼特心目中理想的经济学应该是能够完全数学化的经济学，尽管他本人并不精于数学模型。熊彼特多次称赞瓦尔拉斯是有史以来最伟大的经济学家，称赞其一般均衡体系是有史以来最伟大的经济学理论。[①]熊彼特的评断今天恐怕不是所有经济学者都会同意，他的弟子萨缪尔森也不完全同意老师对瓦尔拉斯的评价。

又譬如，熊彼特对斯密及其《国富论》颇有微词，完全不像某些经济学大师，只要提到斯密，就佩服得五体投地。

熊彼特认为，斯密1776年出版的《国富论》，"没有任何一项完全创新的思想、原理和方法"。"那些称赞斯密著作为划时代、原创性成就的人，主要是赞美斯密所倡导的那些经济政策——自由贸易、自由放任、殖民地政策等。"[②]熊彼特承认《国富论》是大师之作，却认为《国富论》的成功主要归功于斯密优美典雅和具有说服力的超级文笔，"他是整个18世纪最具说服力的作家之一"[③]。

由此看来，我们要想从某一位经济学家身上（哪怕是位居最伟大行列的经济学家）寻找到整个经济学的内在精神血脉，也是极为困难的，或者说，我们要想从某位经济学家身上（即使是像斯密、马克思、马歇尔和凯恩斯这样划时代的人物）寻找到全部经济学共同具有的基本精神和基本信念（经济学家共同认可的基本精神和基本信念），恐怕是不可能的。从这个意义上说，要批判这门学科，几乎就是一件不可能的事情。

讨论一门学科发展史上哪些学者重要或最重要，还有一个基本的困难，就是我们常常不加区别地使用所谓学说、思想、理论这些字眼。

---

① Joseph A. Schumpeter, *History of Economic Analysis*, Oxford University Press, 1954, p.825–826.

② Joseph A. Schumpeter, *History of Economic Analysis*, Oxford University Press, p.184.

③ Joseph A. Schumpeter, *History of Economic Analysis*, Oxford University Press, p.187.

我们并没有将三者进行严格精准的区别。有人看中学说的博大精深，有人看中思想的高妙独特，有人重视理论的严谨细致。我的看法是，学说涵盖范围最广，思想次之，理论又次之。理论为思想之内核，思想复为学说之内核。所谓理论者，须有清楚严格的假设和逻辑严密的论证；思想则较为宽泛；学说则更为宽泛。

以此论之，斯密虽为经济学开山宗师，却没有逻辑严密的理论，亦可以说没有开天辟地的创造性思想，所以熊彼特就说斯密是运气好，是"在正确的时候写了一部正确的著作"。[1] 斯密的思想皆由前人提出，即使是千古流芳的"看不见的手"和"自私有益社会"的思想，也早有人。斯密的伟大源自他是一个高超的集大成者。

以理论、思想、学说三分而言之，多数经济学者可谓是有理论而无思想，学说则更谈不上；又有极少数学者有开天辟地的思想，却没有什么精密严格的理论，后者可以奈特和科斯为代表。奈特思想之深刻，20世纪英美经济学者里无出其右，但奈特对经济学的数学化深表怀疑。他是一个深刻的思想家，却算不上顶级理论高手。相反，萨缪尔森和阿罗绝对是理论模型的顶级高手，但正如蒙代尔评价他的恩师所说，"二师"或许算不上顶级的大思想家。

熊彼特的《经济分析史》区分了"政治经济学体系"、"经济思想史"和"经济分析史"。依熊彼特之见，所谓政治经济学体系，就是根据某种统一或规范的原理（譬如经济自由主义、社会主义）所阐述或倡导的一整套经济政策。他认为斯密的《国富论》就是一套政治经济学体系。所谓经济思想史，就是特定时间和特定地区里，有关一切经济事务的一切观点、观

---

[1]　Joseph A. Schumpeter, *History of Economic Analysis*, Oxford University Press, 1954, p.185.

念或愿望（尤其是有关公共政策的观点或观念）的总和。可见众说纷纭，实际上要完整记录或描述某个时代或某个国家的全部经济思想与观点，是一件不可能的事情。

熊彼特所关注的是所谓经济分析史。熊彼特认为，经济分析是力求解决具体真实经济问题的方法。他举了一个例子：如何分析竞争性价格如何形成？希克斯或萨缪尔森所用的方法自然不同于穆勒所用的方法。熊彼特所说的经济分析史，其实就是经济理论发展史。

与人类思想和人类事物的其他方面一样，经济学学说、思想和理论发展史也是一部"英雄"创造的历史。整个经济学学说、思想和理论发展史就是那些少数大师书写的历史。他们的原创性思想、创新的理论和分析方法、新奇的经济政策建议以及（或许是最重要的）人格魅力，共同塑造了这门学科的性格特征和精神气质（当然是非常复杂的性格特征和精神气质）。熊彼特将经济学理论和思想发展史上的那些开创性大师比作他心目中激发和开启"创造性毁灭"的企业家。熊彼特心目中的"经济学企业家"包括重农学派的魁奈、马克思学派的马克思、凯恩斯学派的凯恩斯、奥地利学派的门格尔，此外还有斯密、李嘉图、马歇尔、施穆勒（德国历史学派创始者）。

从思想、理论和方法的开创性来判断，我心目中的 20 位代表人物是：斯密、边沁、李嘉图、马克思、瓦尔拉斯、门格尔、杰文斯、马歇尔、费雪、凯恩斯、米塞斯、哈耶克、熊彼特、奈特、科斯、萨缪尔森、阿罗、弗里德曼、蒙代尔、张五常。

第四章

新古典精神：主流经济学的精神血脉

经济学理论假设经济行为主体是一个理性的效用最大化者，这种假设与世界上任何乘坐巴士的活生生的男人和女人毫无相似之处。我们没有任何理由假设世界上绝大多数人成天或每时每刻都在努力最大化任何事情，除非是在努力最大化那些不开心的事儿。即使是努力最大化不开心的事儿，也不能取得完全的成功。

——罗纳德·科斯，《企业、市场与法律》

若不确定性完全不存在，每个人皆拥有相关情形的完美知识，那么，所有那些对生产活动的控制或需要负责任的管理工作，皆没有存在的理由，甚至任何真正意义上的市场交易也不会存在。

——弗兰克·奈特，《风险、不确定性与利润》

纵观经济学近 300 年的发展历史，我们可将经济学这门学科的精神血脉概括为"新古典精神"。

什么是新古典精神？简而言之，新古典精神的核心理念就是两个最基本的假设或公理。其一，对人性的基本假设，即"理性经济人假设"。进一步而言，从消费者角度看经济人的基本假设或公理是边际效用递减和效用最大化，从生产者角度看经济人的基本假设或公理则是边际收益递减和利润最大化。其二，对经济体系内在本质特征的假设就是完全信息假设。此假设也有多重表述，如交易费用为零、获取信息的成本为零、预期完全理性等。

正是基于以上两个基本假设或公理，经济学者推导出经济学最基本的重要定理。诸如，一般竞争均衡或完全竞争均衡的存在性和稳定性，帕累托最优，福利经济学第一定理和第二定理，等等。新古典经济学最严谨和最标准的数学模型是阿罗—德布鲁一般均衡模型，它成为所有现代经济学数理模型的基准和典范。

为什么新古典精神能够概括或总结经济学近 300 年发展历史的精神血脉呢？

首先，新古典精神起自斯密的《国富论》，劳动价值论（或绝对价值论，或客观价值论）是斯密《国富论》最重要的基础假设，"看不见的手"则是《国富论》最重要的理论发现。

新古典经济学最重要的发展就是以主观价值论或相对价值论取代斯密和李嘉图的客观价值论或绝对价值论，这就是 19 世纪下半叶的边际效用革命。效用和边际效用理论的发展是整个 19 世纪经济学最重要的成果，主要代表人物包括边沁、赫尔曼·戈森、门格尔、杰文斯、瓦尔拉斯。马歇尔正是将消费者的边际效用递减规律和效用最大化，与生产者的边际收益递减和利润最大化结合起来，从而构造出以供求均衡为核心架构的大综合体系，所以马歇尔被公认为新古典经济学的开山大师和集大成者。

后世经济学者，如阿罗、德布鲁、麦肯齐、赫维奇等人的主要贡献则是用数理模型给新古典经济理论和思想以最严格的数学证明。怀特海曾经如此描述西洋哲学思想发展史：西洋哲学就是对柏拉图的一系列注释和证明。我们可借用怀特海的话以说明经济学近300年的发展史：西方经济学就是一系列对斯密"看不见的手"的注释和证明。新古典经济学集中体现了这门学科的精神血脉。

其次，新古典经济学给经济学理论提供了一个理想的标准模型，几乎所有重大的经济理论创新皆可以看作是对新古典模型的修正或对新古典假设的放松或修正。

譬如，凯恩斯经济学从微观经济学层面看，正是对新古典经济学完全信息或理性预期假设的修正。依照新古典经济学的完全信息假设，经济体系是一个自我调节、自动迈向均衡和充分就业的体系，就业不足或失业不可能存在，不会发生任何生产过剩。这也是"萨伊定律"的主要论点。依照新古典经济学的理性预期假设，金融或经济危机不可能发生。

海曼·明斯基重新阐释凯恩斯经济学的名著《凯恩斯〈通论〉新释》就是集中讨论凯恩斯《通论》所暗含的金融体系内在不稳定性假设。凯恩斯的金融体系内在不稳定性直接源自人们对未来预期的不确定性和不稳定性。

凯恩斯经济学从宏观层面看，是对古典或新古典经济学"货币是一层面纱"（或货币中性，或货币数量论）的修正。凯恩斯以基于货币市场（流动性偏好）的利率理论取代了古典和新古典经济学的真实利率理论（没有货币的利率理论）。

20 世纪经济学最重要的进展是奈特和科斯等人开启的交易费用经济学，和施蒂格勒、阿克洛夫、斯蒂格利茨等人开创的信息经济学或不对称信息经济学，这实际上就是对新古典完全信息假设的修正或放松。奈特在他的名著《风险、不确定性与利润》里已经明确指出，依照新古典经济学的完全信息假设，任何组织都不需要存在，也不会存在。科斯明确引入交易费用来解释公司组织的存在，后世所有公司理论皆发源于此。

行为经济学或行为金融学则是对新古典经济学"理性经济人"假设的修正或放松。凯恩斯《通论》有大量篇幅讨论所谓"动物精神"，实际上就是对理性经济人假设的修正。当代行为经济学或行为金融学集中讨论那些被新古典经济学者视为非理性的行为或动物精神，诸如，对收益和损失的不对称偏好或计算，盲目跟风行为或牛群现象，社会习俗根深蒂固的影响，价值观深刻影响经济利益的计算，欺骗和讹诈，等等。

新凯恩斯经济学代表人物阿克洛夫和行为金融学代表人物席勒通力合作，先后出版《动物精神》和《钓愚》两部著作，目的就是改造主流经济学即新古典经济学。《动物精神》一书的标题和灵感就直接来自凯恩斯《通论》里对人所具有的动物精神的精彩描述和分析。

新古典金融理论的基准模型是著名的"MM 定理"（莫迪格里亚尼—米勒定理）。正是基于完全信息假设和理性经济人假设，MM 定理推导出"金融市场结构无关性"的著名结论。20 世纪后期所有的金融理论，皆可看作是对 MM 定理的突破或修正，即引入信息费用或交易成本、引入非理性预期、引入市场摩擦或不完善等等，以解释金融市场的各种复杂现象。

譬如美联储前主席本·伯南克毕生研究的重心就是引入金融市场的摩擦或信息费用、人们预期的非理性、人们对收益和成本预期的不对称等，以解释金融市场为什么会出现泡沫或过度反应，为什么会出现"金融加速器"现象和金融体系内在不稳定性现象，以解释货币政策各种复杂的传导机制。伯南克的著作里多次明确否定 MM 定理和尤金·法玛的有效市场假说。

理性预期学派重新回到新古典经济学的严格假设，新凯恩斯主义经济学派则是更加明确地强调市场摩擦或市场不完善，强调预期的非理性或人性的动物精神。激励机制设计理论其实也是从修正新古典基准模型的信息假设出发，以设计某种机制或制度安排，实现如何让人说实话，如何让人不偷懒的目的，即实现人的行为所谓的激励相容。

因此，近300年经济思想和理论的发展，基本上是围绕新古典精神展开的：要么是对新古典精神的捍卫和证明，从新古典基本假设出发，构造各种数学模型；要么是对新古典精神的修正或批判，即修正或放松新古典模型的严格假设，以构造各种数学模型，对经济现象做出新的解释或说明。

第五章
新古典经济学理论的内在结构

价格理论的内在结构具有一种惊人的美感，这种美感总是令人想起济慈的著名诗篇《希腊古瓮颂》的最后一句："'美即是真，真即是美'，这就是这个星球上的人们所能知道和应该知道的一切。"

——米尔顿·弗里德曼，《价格理论》

顾名思义，经济学这门学问的主旨和内在基础就是最大化。

——保罗·萨缪尔森，《经济分析里的最大化原理》

（1970 年诺贝尔经济学奖演讲词）

从新古典精神里，我们可以精准地看到一套完整的经济学理论构成：一是基本哲理或世界观；二是基本的问题或重点希望解释的现象；三是分析方法。

前文已说明新古典经济学的基本哲理或世界观就是一种理性、静态和长期的世界观。新古典经济学的基本问题是给定资源禀赋的有效配置或价值创造，新古典经济学的分析方法是均衡分析方法，基本的政策含义则是竞争性市场的有效性和最优性。

我们也可以简要地将任何一套经济理论概括为内容和方法两个维度：内容是经，方法是纬，一经一纬，构成完整的理论体系，其中内容是主导，方法是从属。

新古典经济学的内容或核心问题是给定资源禀赋的最优配置或价值最优创造，方法则是均衡分析。研究给定资源的最优配置特别是研究长期静态的资源最优配置，均衡分析或最大化分析方法自然是最佳的方法。

与新古典经济学形成鲜明对照的三大经济思想和理论流派是马克思学派、熊彼特学派以及以米塞斯和哈耶克为代表的奥地利学派。虽然熊彼特师从维也纳大学的各位宗师，如门格尔、维塞尔和庞巴维克，也与米塞斯、希法亭和鲍尔同窗，但经济学界通常不认为熊彼特属于奥地利学派，这说明熊彼特经济学与奥地利学派有显著不同。

马克思经济学的基本哲理或假设并不像新古典经济学"理性经济人"和"完全信息"那么简单明了，而是由多个对人性本质和对人类社会本质的基本理念构成，诸如人的阶级划分（有产阶级和无产阶级），人的异化，资本家或有产者内在的不可遏制的剥削动机，无产者必然遭受的内在的、不可避免的日益贫困或极端贫困，等等。马克思经济学的基本哲理或假设来自德国古典哲学和法国空想社会主义对人性本质和人类社会本质的认识。

马克思的劳动价值论以及价值二元属性的观念（使用价值和价值）则来自古典经济学的斯密和李嘉图。

马克思经济学的基本问题或核心内容并不是如新古典经济学那样专注于长期静态的资源最优配置，而是专注于资本主义生产方式和经济制度内在的、长期的、动态的演变规律。这个基本问题或研究内容决定了马克思不可能采用新古典经济学的长期静态均衡分析方法，而必然采用历史的、动态的、辩证的分析方法。

奥地利学派开山大师门格尔是边际效用革命的主将，主观价值理论的首创者。然而，奥地利学派认为的经济学基本哲理或假设与新古典经济学有重大差别，核心分歧就是对信息或知识的看法。奥地利学派同样主张"理性经济人"假设，这与新古典经济学完全一致。米塞斯《人的行为》一书对此有明确阐述。

但是，真正代表奥地利学派经济学精神的米塞斯和哈耶克却没有所谓"完全信息"之类的理念。他们明确地将市场看作一个动态的、创造的或发现的过程。既然市场是一个动态的、创造的或发现的过程，当然就不可能有所谓"完全信息"，也就是说并没有那么多既定的或固定的信息在那里等待人们去利用或计算。相反，人们的经济决策要求人们去发现所需要的信息或知识，在这个过程里，人们自身也不断创造着新的信息或知识。整个经济活动不仅创造出新的技术、商品和服务，而且创造出新的信息或知识。哈耶克1947年的著名论文《知识的社会运用》正是抓住了"知识创造"或"知识发现"这个人类经济活动的本质特征，可谓独步江湖。

奥地利学派的主要内容依然是资源的最优配置，但因为他们对市场的看法与新古典经济学截然不同，所以奥地利学派也不可能采用新古典经济学的长期静态均衡方法。奥地利学派的分析方法比较接近马克思学派或德国历史学派，注重历史的、动态的、辩证的过程分析。

与新古典经济学相比，熊彼特经济学最为奇特。熊彼特经济学的基本精神与新古典经济学的基本精神可谓格格不入，或者说，熊彼特根本不认可新古典经济学那一套，尽管他高度推崇瓦尔拉斯的一般均衡数学模型。

熊彼特经济学的基本理念或哲理最奇特之处，乃是他从撰写《经济发展理论》开始，就将企业家或创新者看作资本主义经济体系的绝对主角，将创新或创造性毁灭看作资本主义经济活动的主旋律或本质特征，这不能不说是石破天惊般的创见。

熊彼特并没有对人性的本质展开系统长篇的论述，然而，通过他对企业家本质特征或基本素质、企业家行为的本质特征、适应性行为和创造性行为的区分等的论述，我们可以清晰地看到熊彼特对人性本质的认识比新古典经济学要丰富和深刻得多。所谓自私或理性经济人并不能完整概括人性的本质。既然资本主义经济活动最本质的特征是创新或创造性毁灭，那么，所谓完全信息或理性预期就变得完全不相干了。对于一个面向未来的创造者而言，根本就没有完全信息或理性预期这回事儿。从这个意义上说，熊彼特的世界观既不同于新古典经济学的开创者（如马歇尔）和后继者，也不同于马克思。熊彼特可谓经济思想和理论历史上真正独树一帜的人。

熊彼特经济学的基本问题也不是所谓长期静态的资源配置，而是资本主义经济体系动态的、创造的历程。是的，创造（或创新）始终是熊彼特经济学的关键词：他对经济体系动态演化各个侧面和各个层面的分析皆是围绕企业家、创新或创造展开的；他对货币、金融或信贷机制及其市场的分析也是围绕如何有助于企业家的创新或创造展开的；他对商业周期或经济周期的分析以企业家为主角，以创新或创造性毁灭为经济周期的核心动力；他对经济政策的讨论或建议也是围绕如何助力企业家的创新和创造。

简言之，新古典经济学所专注的静态均衡，只是熊彼特波澜壮阔的创造性"活剧"的一个假想的背景。熊彼特《经济发展理论》第一章所讨论的"静态循环过程"就是新古典经济学所专注的问题。而熊彼特所专注的问题，正是经济体系该如何打破这个静态循环过程，如何开辟出生机勃勃、变化莫测的动态演化历程。

新古典经济学是一个没有任何主角、没有色彩、没有生机的静谧的"乌托邦"，熊彼特经济学则是一个以企业家或创新者为主角、以创新和创造性毁灭为主旋律、充满无限生机和无限可能的壮阔历史"活剧"。

从基本问题或内容上看，熊彼特经济学和马克思经济学最为接近，然而，马克思的主角是资本家和无产者，基本动力则是剥削和反剥削；熊彼特的主角是企业家，基本动力则是创造和创新。熊彼特所用的分析方法同样与马克思的分析方法非常接近，他们两人都主要采用历史的、动态的分析方法。越到晚年，熊彼特越深深怀疑数学方法或所谓精确经济学，越相信历史的分析方法是研究资本主义经济体系动态过程最有效的方法。

第六章

凯恩斯革命是真正的经济学革命吗？

凯恩斯的干预政策理念及其目标确实取得了胜利，这个胜利却让经济学者忽视了一个基本事实，那就是凯恩斯经济分析的真正贡献是揭示了资本主义经济制度从根本上说是一个具有内在缺陷的制度。遗憾的是，凯恩斯的伟大贡献仅仅开启了一场中途夭折的、没有最终完成的经济思想革命。试图将古典经济学和凯恩斯经济学综合起来，得到的结果却是不伦不类的杂种凯恩斯主义。

——海曼·明斯基，《凯恩斯〈通论〉新释》

我们说西方经济学（以英美经济学为主）总体而言属于新古典经济学范围，应该是一个中肯的说法。

凯恩斯《通论》开启现代宏观经济学，看起来似乎是一个革命性突破，许多经济学者也认为凯恩斯经济学是经济学历史上"哥伯尼式的革命"。

然而仔细分析，我们可以说，凯恩斯经济学的基本精神依然属于新古典经济学范围，基本的区别是凯恩斯放弃了新古典经济学的完全信息和理性预期假设，所以凯恩斯特别强调市场运作的信息费用。虽然他没有使用信息费用或交易费用这些概念，这些概念是后来才有的，但《通论》对就业市场和供求机制的分析，明显暗含着信息费用或交易费用，这是毫无疑问的。

凯恩斯尤其强调预期的不确定性和人性的动物精神，所以凯恩斯放弃了理性经济人假设是没有疑义的，后来的行为经济学或行为金融学常常从凯恩斯经济学里获得灵感，即是明证。凯恩斯正是从预期不确定性角度来考察货币的功能，货币的基本功能就是连接现在和未来的预期，或协调现在和未来的交换。

从这个意义上，我们当然可以认为凯恩斯完全突破了新古典经济学的基本假设，别开生面。同时，凯恩斯将经济分析提升到宏观或整体经济层面，它发明了诸如总投资函数、总需求函数、资本边际效率递减、边际消费趋向递减、流动性偏好等诸多新概念，为宏观经济分析提供了一个基本分析架构。他对于宏观经济学分析架构的贡献类似于马歇尔对新古典经济学分析架构的贡献，或者说，凯恩斯将马歇尔的微观分析架构推广到宏观经济分析。由此说凯恩斯经济学是哥伯尼式的革命也不算过分。

然而，凯恩斯经济学的基本内容依然是资源配置，而且是短期的、静态的资源配置问题。凯恩斯著名的格言："长期而言，我们都死了"，表明他的重心是短期问题，不是长期问题。他重点关注的是短期失业和经济萧条问题，不是长期经济增长和动态演化问题。这也是熊彼特所说的凯恩斯世界观的核心。

因此，凯恩斯所用的分析方法也是静态均衡或部分均衡方法。虽然凯恩斯关注的失业和经济萧条问题本质上是动态的经济周期问题，但是凯恩斯所用的分析方法却完全是新古典经济学的方法。所以希克斯1937年的著名论文《凯恩斯和古典经济学》就直接将凯恩斯融入古典传统，IS-LM 模型从此名扬天下，迄今为止仍然是最标准的宏观经济模型。这个模型的基本精神就是马歇尔的新古典精神，方法就是部分均衡分析方法。IS-LM 模型将凯恩斯那叛逆精神的一面全部扬弃掉，所以罗宾逊夫人和明斯基等人对这种凯恩斯经济学的阐释深表不满，罗宾逊夫人称之为"杂种凯恩斯主义"，明斯基则奋起重新阐释凯恩斯经济学，以抢救凯恩斯《通论》所蕴含的思想精华。

所以我们说，凯恩斯革命固然不假，但说凯恩斯革命笼罩在新古典精神氛围里，应该也是恰当的。这可以理解，凯恩斯毕竟是马歇尔最得意的弟子之一，尽管马歇尔最终没有选择凯恩斯作为他的继承人。凯恩斯所写的回忆马歇尔的文章《阿尔弗雷德·马歇尔》被公认为是经济学者所写的最优秀的传记文章之一。凯恩斯并不想彻底推翻新古典经济学，相反，他认为，只要经济实现了充分就业，新古典经济学那一整套理论就完全成立。对此《通论》有明确阐述。这就是后来萨缪尔森和托宾等人倡导的"新古典综合"的基本思想。

从这个意义上说，凯恩斯经济学并没有"革"新古典经济学的命，只是对新古典经济学做了补充。当然，如何看待这个补充的地位和分量则相当有趣，见仁见智。《通论》开篇就说古典经济学只是《通论》的一个特例，后来新古典综合派则反过来说凯恩斯经济学只是新古典的一个特例。无论如何，凯恩斯经济学并没有抛弃新古典经济学的基本精神。

所以，我以为，真正完全跳出新古典精神之外的经济学，只有马克思的经济学、熊彼特的经济学和奥地利学派的经济学。

以上的分析引出另一个重要问题：所谓经济学流派究竟是如何划分的，或者说应该如何划分？坊间有各种阐述经济学流派的著作，作者们心目中似乎也没有一个明确的划分标准。

我认为，划分经济学流派主要应该从内容或问题来划分，而不是从分析方法来划分。虽然内容或问题对方法具有决定性，但是方法往往具有通用性。借用佛教术语，方法是"共法"，研究任何问题皆可以采用。

第七章

新古典经济学的内在矛盾

简而言之，现代经济学就是这样的一门学问：没有人性的消费者，没有组织的企业，没有市场的交换。

——罗纳德·科斯，《企业、市场与法律》

前面将新古典经济学的基本假设概括为对人性本质的假设和对人类经济体系本质特征的假设。

实际上，如果详细分析，新古典经济学的基本假设至少可以划分为6个：

其一，人皆同质且完全理性；

其二，经济体系的技术、资源和偏好皆是已知或给定的；

其三，规模报酬递减而不是递增；

其四，经济体系信息完全给定、完全对称、完全共享，信息获取不需任何成本；

其五，所有变化或冲击皆外生而不是内生；

其六，人的经济活动没有任何外部性，即每个人的经济活动皆实现全部收益和全部成本均等（包括私人收益和社会收益，私人成本和社会成本）。

新古典经济学由此得出一些主导主流经济学思维模式的基本结论：

其一，唯有所谓完全竞争的经济体系才是最优竞争或满足帕累托最优的经济体系。完全竞争的经济体系则是所有市场参与者面对的需求曲线皆是一条平行线，每个生产者皆是受价者，每个消费者皆是受价者。易言之，市场上没有任何人对价格有任何决定性作用或决定性影响，经济体系里没有任何定价者、寡占者和垄断者。

其二，完全竞争的经济体系满足帕累托最优，即满足或实现了社会福利最大化，所以是对全社会最有益的竞争状态或经济体系。

其三，市场上出现垄断者或寡占者必定意味着经济体系偏离帕累托最优状态，因而垄断或寡占企业必定对社会整体福利有害，这就是所有主流经济学教科书里必然要详尽分析的垄断"死三角损失"。垄断导致死三角损失的数学和几何分析是所有经济学本科生的必考题目，所以新古典经济学的竞争和垄断分析就成为代代相传的根深蒂固的经济思维方式，至今依然支配着绝大多数人的思维方式。由此可见，一种理论和思想的力量是多么巨大！

完全竞争均衡的经济体系具有优美严谨的数学结构，对绝大多数经济学者具有不可抗拒的巨大的知识魅力，完全竞争均衡模型迅速征服经济学界完全可以预期和理解。它迅速成为人们思考和分析经济现象和制定经济政策的思维基准。

以这个基准为判定标准，不仅一切偏离完全竞争的寡占或垄断有害，而且一切偏离边际成本等于边际效用的外部性也有害。私人成本和社会成本的背离、私人收益和社会收益的背离因此成为经济学者讨论的重要课题。所谓外部性或市场失效的理论文献如雨后春笋般涌现出来，始作俑者正是马歇尔的衣钵传人庇古。

从谴责寡占或垄断自然就引出了反垄断、反托拉斯、反不正当竞争、维护公平市场竞争等一整套理论和法律法规；从担心外部性和市场失灵就引出了如何纠正市场失败、如何设计激励机制、如何设计政府干预政策等一整套理论和政策，经济学者能够出将入相和担任各大公司顾问，即源于此。

"狗转来转去，终于咬住了自己的尾巴！"从论证完全市场竞争的"看不见的手"如何最优出发，经济学者终于将政府干预的"看得见的手"从后门请了进来。

经济学者发现：

其一，人并非完全理性，也并非完全一样；

其二，信息不对称是常态；

其三，外部性总是存在。

由此三者出发，经济学者好像发现新大陆一样，发现了市场原来并非总是有效（新古典意义上的有效或帕累托意义上的有效）。从此，"看不见的手"和"看得见的手"如何摆布和分工，就成为经济学者永远纠缠不清的问题。

所有这一切的原点，就是新古典经济学的基础理论假设。反垄断、反寡占、主张政府管制或干预等理论和政策，乍看起来似乎与新古典经济学格格不入，其实恰恰是新古典经济学向前发展必然要引申出的结论。此真所谓"出尔反尔"！

为什么会出现"出尔反尔"这样的悖论？为什么会出现"狗终于咬住了自己的尾巴"的尴尬处境？根本原因是新古典经济学不现实的假设导致不现实的理论结论和政策含义。

新古典经济学是一个典型的"乌托邦"理论。它对人性本质特征的假设和对经济体系本质特征的假设从根本上不符合人性的真实本质和经济体系的真实本质，由此推导出来的关于竞争、垄断、效率、均衡、增长、发展、帕累托最优和所谓福利最大化等结论自然不会符合现实，自然也会出现悖论或矛盾。

简言之，新古典经济学的理论基础存在重大缺陷。正如基于牛顿超距作用力的物理学理论无法解释诸如电磁现象、量子现象和宇宙膨胀现象等许多自然世界最重要的现象一样，基于理性经济人和静态均衡理念的新古典经济学也无法解释诸如规模收益递增、锁定、垄断、企业家和创新、创造和创造性毁灭、经济体系的动态演化和路径依赖、经济周期和危机等真实经济世界最重要的现象。

新古典经济学后来的发展尽管试图放松或修改那些极端和严格的假设，引入不对称信息、外部性、非理性经济行为或动物精神，却仍然坚持从那些极端假设推导出来的理论结论和政策含义，恰如"狗咬住了自己的尾巴"，团团转而不知所措，只好求助政府干预来帮助他们实现理想的"乌托邦"。

其实，既然放弃那些不现实的假设，就必然要放弃那些极端假设所推导出来的理论结论和政策含义。既然人人各不相同，人的行为从来不是完全理性，人的行为充满动物精神；既然经济体系的资源和信息从来不是给定的，而是被创造出来的，信息从来就是不对称的，那么所谓完全竞争或完美竞争就根本是不可能实现的"乌托邦"，也根本不是什么福利最大化的、满足帕累托最优的经济体系。

正如张维迎教授所指出的，完全竞争就是没有竞争，没有竞争还谈什么竞争的好处或福利最大化呢？我们当然可以讨论或追求竞争的好处，也可以讨论或追求社会福利最大化，然而我们必须要从根本上转换一个视角来讨论和分析。

既然外部性总是存在，如果人的行为的私人成本与收益和社会成本与收益并不完全一致，那么我们需要寻找不一致的现实原因，而不是去求助政府管制或干预来消除外部性。政府干预或管制是另一种外部性，问题反而越搞越复杂了。对于这个问题，科斯和张五常就非常高明，他们证明所谓外部性的根源就是产权界定不清楚，所以政府不是来干预或管制企业活动，而是要努力去完善产权保障的法律制度。

因此，看起来数学严谨优美、逻辑完全自洽的新古典经济学体系，其实是一个具有深刻内在矛盾的理论体系，其最主要的矛盾就是基本假设与人性的本质和真实经济世界的本质特征格格不入。弗里德曼讨论经济学方法论的著名论文《实证经济学方法论》试图证明"不真实的假设"并不影响经济理论的正确性，以此来挽救新古典经济学和实证经济学方法论，结果反而陷入更深的矛盾之中。科斯有一篇著名文章《经济学家如何选择》，毫不客气地批评弗里德曼的实证经济学方法论既不符合科学的基本逻辑，也不符合经济学发展的具体历史。

新古典经济学的理论基础既然存在重大缺陷，我们就应该从根本上放弃这个理论基础，或者给经济学奠定一个新的理论基础；我们应该从根本上放弃新古典经济学给人类经济体系设定的一系列定义或概念，诸如静态、均衡、效率、最优、社会福利等。正如只有抛弃牛顿的超距作用力和绝对时空理念，我们才能够真正认识时空的本质，真正认识物质和能量的本质，真正认识自然界各种作用力的本质，真正认识宇宙演化的本质。

简言之，我们需要一整套新的经济学思维范式。

那么，新古典经济学理论基础的最根本缺陷是什么呢？

新古典经济学将人性的无限创造性和经济体系的复杂性置之度外，将经济体系的动态、演化、非线性、非均衡置之度外，将人类经济体系动态演化的关键主角——创新者和企业家置之度外，将企业追求独特性和垄断的基本目标和事实置之度外，将预期的不确定性和知识信息的创造置之度外。

这样一个脱离现实、抽象、错误的理论体系和思维范式竟然一直统治着绝大多数经济学者的头脑，实在是人类思想史上一件匪夷所思的怪事。对此怪事最可能的解释是新古典经济学具有优美严谨的数学模型。20世纪以来，多数经济学者坚信，只有能够严谨数学化的经济理论或模型才是科学的，才符合科学规范。这是对经济学这门学科的本质以及对科学本质的重大误解。

毫无疑问，为了真正理解人类经济行为和经济体系演化的本质，经济学者应该抛弃新古典经济学的理论基础和思维范式。这正是本卷希望传递的信息。

第八章

熊彼特《经济分析史》对经济学的深刻反思

马克思的全部著作正是标志着意识形态对经济分析的胜利，他的全部经济分析都是他的世界观所必然导致的结果。

　　　　　　　　——熊彼特，《创新的先知：约瑟夫·熊彼特传》

我们今日试图批判经济学，实际上经济学者特别是思想深刻的大师级经济学者经常在反思自己所从事的这门学科。很多时候，新的思想或创见往往就是源自对一门学科的历史和现状的深刻反思。

斯密《国富论》是对当时欧洲各种经济思想乃至各种哲学社会思想的大综合，同时也是对当时各种经济思想或理论的反思或批评。

马克思《资本论》的副标题就是"政治经济学批判"。"古典经济学""庸俗经济学""资产阶级政治经济学"之类的名词就是马克思的发明，正是他批判欧洲古典经济学的基本结论。

凯恩斯《通论》处处可见对前辈学问的反思和批判。我认为，从基本问题、基本思想和基本理论角度仔细考究《通论》，《通论》的主要问题皆是针对古典经济学（以李嘉图为代表的古典经济学）而发；从如何观察或看待人类经济体系（凯恩斯的视角当然主要是针对当时的英国经济）而言，凯恩斯的思想和理论也可看作是针对马歇尔、庇古而发，针对萨伊定律而发。综合起来，我认为，凯恩斯观察世界的视角（世界观）与古典经济学（以李嘉图、萨伊为代表）和新古典经济学（以马歇尔、庇古为代表）迥然不同，这种完全不同的世界观可能主要来自凯恩斯自身的生活经历，也可能来自他对古典经济学和新古典经济学的批判。熊彼特《经济分析史》认为凯恩斯《通论》第18章很完整地总结了凯恩斯的全部世界观。读者可以取而读之。

熊彼特划时代的长篇巨著《经济分析史》实际上就是对以往时代和他同时代经济学的系统性批判和深入反思。今日人们对经济学非常不满意甚至怀有敌意，然而，熊彼特《经济分析史》指出，人们对经济思想和理论的不满和敌意至少从重农学派时代开始就非常普遍。

事实上，在整部《经济分析史》里，熊彼特就时常对以往时代和同时代的经济学理论和经济学者表达出不满，并提出尖锐批判。

譬如，熊彼特在《经济分析史》里，对19世纪英国古典经济学者所普遍采取的所谓静态（或稳态）分析方法和世界观感到非常遗憾和不满意。

首先，这种分析方法和世界观完全脱离当时的现实世界。19世纪正是工业革命席卷西方世界的大时代，新的科学技术正在从根本上改变欧洲和美国人民的经济生活。南北战争之后的美国正在快速崛起，并取代英国成为世界上最强大的工业大国和最大的经济体。19世纪后期德意志帝国的统一和亚洲日本的迅猛崛起，从根本上改变了世界的政治经济军事格局，世界发生了"三千年未有之大变局"（李鸿章语），然而古典经济学家对这些划时代的变化却完全视而不见，他们躲在书斋里构思那个虚幻缥缈的所谓长期静态的乌托邦世界。

熊彼特指出，古典经济学家的所谓长期静态世界观和分析方法完全忽视了个人的首创性和企业家的创新。熊彼特经济学的核心正是企业家的首创精神、创新和创造性毁灭，他对那种一潭死水般的所谓长期静态分析模型当然深感不满甚至厌恶。熊彼特经济学的原创性或许主要来自他对古典经济学和新古典经济学的深刻反思和批判。

严重脱离现实似乎是经济学理论与生俱来的问题。不仅古典经济学者如此，经济学数百年来的发展大体也如此。经济学者的理论往往与真实世界毫无关系。19世纪后期到20世纪上半叶，资本主义世界的经济结构正在发生巨变，管理资本主义和股份制公司取代小业主和合伙制企业，成为支配经济活动的主要力量。公司"看得见的手"取代市场"看不见的手"，成为协调经济活动的关键机制。然而，经济学理论却依然停留在所谓完全市场竞争的乌托邦世界里。

罗宾逊夫人的《不完全竞争经济学》和张伯伦的《垄断竞争理论》被

誉为具有开创性贡献，实际上远远没有触及（更谈不上解释）人类最重要的经济体系演化机制——公司的诞生、演化及其行为。某种程度上，经济学的这种状况一直延续到今天。

20世纪70年代，哈佛大学商学院著名企业史学家钱德勒开始研究美国企业的历史演变，他非常震惊地发现，经济学者竟然对如此重大的历史事实完全视而不见。为了解释美国公司结构的变革，钱德勒找到的唯一能对他有所启发的经济学文章竟然只是科斯年轻时候写的一篇不成熟的作品《企业的本质》。

20世纪70年代之后，由于国际货币体系发生巨变，全球金融体系的动荡和金融危机成为常态，然而，占支配地位的宏观经济学理论竟然是所谓的理性预期学说和有效市场假说。很大程度上，60多年前熊彼特所深感遗憾的经济学"与现实脱节"的状态，至今也没有多少改变。绝大多数经济学者只是躲在书斋里幻想一个世界，然后据此构建他们那些看似高深莫测的数学模型。

熊彼特强烈批评主流经济学者漠视经济体系的持续变化、企业家精神和大企业的演化历程。《创新的先知：约瑟夫·熊彼特传》一书的作者、哈佛商学院教授托马斯·麦克劳也明确指出：主流经济学的这个根本性缺陷至今依然如故。[1]

本卷试图说明，古典经济学和新古典经济学的效用最大化分析范式和对人性的基本假设，必然导致他们漠视变化、企业家精神和创造性毁灭，漠视大公司的演变发展。要理解经济体系内在的动态演化历程，深入认识企业家精神和创造性毁灭，首先必须改变对人性的基本假设。因为古

---

[1] Thomas K. McCraw, *Prophet of Innovation: Joseph Schumpeter and Creative Destrction*, Cambridge: Belknap, 2007, p.496–498.

典经济学和新古典经济学的人性基本假设与创造、演化和企业家精神格格不入。

熊彼特《经济分析史》一书对经济学发展最感遗憾或不满的，当然是经济学者对企业家和企业家精神的忽视。英国早期经济学者坎蒂隆是第一个使用过"企业家"这一名词的人，然而经济学真正的奠基者斯密却从来没有使用过"企业家"这一术语，他所用的术语是"工头""商人或掌柜"。法国经济学者萨伊算是第一位比较系统讨论企业家作用的人，但萨伊也不过将企业家的功能定义为"将各种生产要素组合到一个生产组织里面"，这个定义基本上没有抓住企业家和企业家精神的本质。李嘉图和马克思压根儿没有注意到坎蒂隆和萨伊对企业家的见解。

古典经济学者里，唯有小穆勒（约翰·穆勒）重视对企业家作用的讨论，不过小穆勒心目中的企业家也停留在"工头监管或控制"的角色，与日常管理没有太多差别。尤其错误的是，小穆勒将企业家等同于所谓风险承担者，进一步误导了经济学者对企业家的认识，后来奈特的《风险、不确定性与利润》对企业家的理解也没有走多远。

时至今日，熊彼特毕生重视企业家和企业家精神的艰辛努力依然没有对主流经济学产生多大的影响。尽管主流经济学将企业家列为所谓第四生产要素——在土地、劳动和资本之后，然而将企业家和企业家精神当作一个类似土地和劳动的生产要素根本就是风马牛不相及，完全误导我们对经济体系动态演化本质的理解和认知。企业家和企业家精神无法精确测量，无法以数学模型表达或描述，所以大多数经济学者从根本上就不去思考企业家和企业家精神的重要性。正如本卷所要说明的那样，要真正理解企业家和企业家精神，真正重启熊彼特经济学的精神力量，就必须抛弃或从根本上修改主流经济学的基础假设。

熊彼特对此有非常重要的开创性贡献，可惜他的重要创见没有被后来的经济学者继承和发扬光大。

在他的成名之作《经济发展理论》和两卷本巨著《经济周期循环论》里，熊彼特明确区分了两种人类经济活动：一种是适应性经济行为或反应，一种是创造性经济行为或反应。当外部环境发生重大变化时，如果一个经济体系的参与者、产业的参与者或企业家的反应仅仅是调整现有的行为方式或生产方式，那就是一种适应性经济行为或适应性经济反应；如果一个经济体系的参与者、产业的参与者或企业家能够跳出现有行为模式，以完全崭新的生产和经营方式来应对环境的变化，那就是一种创造性经济行为或创造性经济反应。[①]

熊彼特认为，创造性经济行为从根本上说是无法预测的，因而充满不确定性、突变或惊奇，它们才是改变和塑造一个经济体、一个产业和一个企业长期趋势和面貌的根本力量。创造性经济行为的发生依赖一些特殊个人的远见卓识和领导能力，正是他们的远见卓识和领导能力改变了人类社会和经济的面貌，让人类经济向更新、更好和更高的层面不断迈进。没有那些特殊个人的远见卓识和领导能力，那些划时代的新经济、新产业和新企业就永远不会产生。

熊彼特说："创造性经济活动是整个人类经济发展历史长河里最具决定性的因素，没有任何所谓历史决定论的信条能够阻挡这个历史的真正决定性力量。"[②]

---

① Thomas K. McCraw, *Prophet of Innovation: Joseph Schumpeter and Creative Destruction*, Cambridge: Belknap, 2007, p.162–163.

② J. S. Schumpeter. *Business Cycles: A Theoretical Historical and Statistical Analysis of the Capitalist Process*, New York: McGraw Hill Book Co., 1939, p.86.

这些具有特殊能力的个人，就是熊彼特给以高度重视的企业家；这种创造性经济活动，就是创新和创造性毁灭。企业家是整个资本主义经济体系波澜壮阔的历史"活剧"的主角，创新和创造性毁灭则是熊彼特经济动态发展和经济周期理论的核心力量。在《经济周期循环论》第一卷里，熊彼特着重强调："创新是我们描述和分析经济动态进化过程所用模型的唯一重要基石。"[①]

熊彼特将人类经济体系的动态演化及其周期性动荡主要归功于创新和创造性毁灭的企业家力量，而凯恩斯和弗里德曼及其追随者将经济波动主要归咎于货币供应量和需求管理政策的变化，他们代表着对人类经济体系内在演化动力两种完全不同的世界观。

熊彼特曾经多次评论凯恩斯《通论》所代表的世界观，说那是一种"停滞主义和衰退主义"的世界观。《通论》里我们看不到任何企业家和创新的影子。凯恩斯经济学和熊彼特经济学最本质的区别，正是他们对经济体系内在动力的认识有天壤之别。

熊彼特还明确指出，一个经济体系或一个国家的创造性经济活动的多少和强度，主要取决于三个因素：一是整个社会所拥有人才的质量；二是这个社会或经济体系里某个行业或领域所拥有的人才数量和质量，以及与这个行业或领域密切相关的人才数量和质量；三是那些具有特殊才能的个人所具有的决策能力、行动能力和行为模式。[②] 显然，熊彼特已经深刻探察到人类经济动态演化发展最根本的内在本质。他对经济增长和发展的深刻

[①] J.S.Schumpeter. *Business Cycles: A Theoretical Historical and Statistical Analysis of the Capitalist Process*, New York：McGraw Hill Book Co., 1939, p.87.

[②] Thomas K. McCraw. *Prophet of Innovation: Joseph Schumpeter and Creative Destruction*, Cambridge: Belknap, 2007, p.162–163.

洞见超越一切新古典经济学的增长理论家，因为他已经开始从人性的本质或人才的质量这个最基本的层面来讨论增长的本源了。

然而，熊彼特似乎没有明确认识到，企业家和企业家精神、创新和创造性毁灭等驱动资本主义经济体系动态演化的核心力量，很难用精确的数学模型来描述和分析。这也是熊彼特经济学思维里的一个内在矛盾，因为实现经济学理论或经济分析的高度数学化或完全数学化同样是熊彼特的理想。这一点在熊彼特的《经济分析史》里也说得非常明确。

前文已经说过，熊彼特心目中有史以来最伟大的四位经济学者有三位是法国经济学者——瓦尔拉斯、古诺和魁奈，第四位是马歇尔，他们皆以构造宏大严密的数学模型著称。

熊彼特对瓦尔拉斯的赞美可谓是无以复加："就纯粹理论而言，依我之见，瓦尔拉斯是所有经济学者里最伟大者。他的经济均衡体系将高水平的革命性创造力和高水平的古典综合能力完美结合起来。瓦尔拉斯的一般均衡体系是唯一能够和理论物理学相媲美的经济学杰作。"[①]

这其中暗含了熊彼特心目中经济学的理想境界，那就是堪与理论物理学相媲美的经济学！熊彼特还称赞剑桥大学著名经济学者琼·罗宾逊夫人对经济学的观点是"再合适也没有了"。罗宾逊夫人认为，经济学不是一套政治哲学，而是一个"拥有各种分析工具的工具箱"。我们现在当然知道，要实现经济学的完全数学化，堪与理论物理学相媲美，就必须给经济学模型确定一些极其严格和不现实的假设，结果很可能就是让经济学模型及其理论结论与真实世界脱节。

熊彼特毕竟不同，尽管他如此高度赞美瓦尔拉斯一般均衡数学模型，

---

① J. S. Schumpeter. *History of Economic Analysis*, Oxford University Press, 1954, p.998.

期待经济学能够达到他心目中所谓"精确经济学"的水平，但熊彼特晚年明确认识到人类经济行为从根本上是无法精准描述和预测的。所以晚年的熊彼特最终放弃了对精确经济学的追求。①

在一篇题为《人性和机遇：不确定性原理》的文章里，熊彼特强烈呼吁经济学家直面他们长期避而不谈的重大问题："这个问题就是那些超群绝伦的个人对人类经济活动和历史演化所施加的重大而深远的影响。迄今为止，除了那些浅薄无稽和露骨的偏见之外，经济学家几乎没有正视这个问题。如果我们秉持一个客观理性的态度，既不沉醉于英雄崇拜，也不陷溺于英雄崇拜的荒谬的反面，那么，我们就必须认识到，那些超群绝伦个人的崛起及其所产生的深刻影响，就是一种无法用所谓一般性或抽象的科学理论来分析的现象。这是我们分析人类经济活动必须重视的一个重要因素。此外还有一个因素，那就是随机发生的各种事件。这两个因素往往纠缠在一起或同时发生，它们严重制约了我们预测未来的能力。这正是我所说的不确定性原理所要表达的意思。换句话说，一切社会决定论的思想或信条，正如任何其他信条一样，是没有任何操作性的，是完全彻底非科学的。"②

熊彼特的上述宣言，对于那些深信或迷恋经济学预测能力的人，无疑是当头棒喝！

历史和常识早已证明熊彼特是对的。无论是凯恩斯还是迄今为止的绝大多数经济学大师，他们或明或暗（有的公开宣称，有的思想暗含）都秉持一种历史决定论的信条。既然历史具有决定性的规律，那么，经济学者

---

① Thomas K. McCraw, *Prophet of Innovation: Joseph Schumpeter and Creative Destruction*, Cambridge: Belknap, 2007, p.96.

② Thomas K. McCraw, *Prophet of Innovation: Joseph Schumpeter and Creative Destruction*, Cambridge: Belknap, 2007, p.475–476.

的最高使命当然就是发现那个决定人类经济历史发展必然趋势的必然规律，这似乎是毋庸置疑的基本科学信条。

由此推演下去，那么检验任何经济理论的试金石就必然是所谓预测的准确性了。推到极端，一些经济学者相信，凡是不能准确预测未来经济现象的理论都不能算是经济学的科学理论。

熊彼特毕竟是一辈子深入系统研究过人类经济史的经济学大师，事实告诉他，历史决定论是错误的。他毕生的经济史研究，可以算是与凯恩斯的历史决定论（当然还有许多其他经济学者的历史决定论）的长期对决，最终熊彼特确信自己是正确的，他果断地放弃了对所谓精确经济学的追求。他认识到，广义的精确经济学是永远无法实现的，或许我们最多只能无限或永远去接近这个目标，这需要众多其他学科的帮助，尤其是历史研究的帮助。

熊彼特用一个形象的比喻来形容经济学的这个西西弗斯式的困境：精确经济学就好像大河彼岸的一面高墙，经济学者使劲儿向那面高墙扔鹅卵石，希望击中那面精准的高墙，可是经济学者却永远无法击中，或许只能期望所扔的鹅卵石能够越来越接近那面精确经济学的高墙。[①]

尽管他没有明确宣称，但是晚年的熊彼特实际上已经放弃了对所谓精确经济学的追求。他对人类经济史的深入系统研究让他确信，我们对人类经济过程研究和描述的准确性不可能超过历史研究的准确性，因为与人类其他历史过程一样，人类的经济演化过程从来没有什么事先确定的命运或先验确定的规律。影响人类经济行为的因素无穷无尽，没有任何两个经济行为或经济事件是完全精确一样的。

因此，经济学绝不要指望寻求到像物理学那样的确定性规律或确定性

---

① Thomas K. McCraw, *Prophet of Innovation: Joseph Schumpeter and Creative Destruction*, Cambridge: Belknap, 2007, p.479.

的演化过程。世界上最好的数学也不可能对人类经济过程提供像物理学或纯数学那样的精确证明。经济行为牵涉的变量太多，人类经济行为或人类经济过程唯一能够肯定的是不确定性。追求所谓数学模型的精确性就必须对人类经济行为或现象高度简化，从而失去真实性。正如诺贝尔经济学奖得主道格拉斯·诺斯所说："为精确性所付出的代价就是无法处理真实世界的经济问题。"

意识形态和世界观对经济学的深刻影响

熊彼特还非常明确地阐述了社会科学（经济学在内）和所谓硬科学（自然科学）之间的另外一个重要区别，那就是每个人因为其所处的社会地位（阶层或阶级）不同，其世界观或意识形态必然有差异。然而，人们意识形态或世界观的不同，并不会影响他们对自然现象的认识，却会对他们认识社会现象产生巨大而深刻的影响。

贯穿熊彼特《经济分析史》的主旋律是经济学者的世界观。

依照熊彼特的看法，所谓世界观就是经济学者"从事经济分析之前就已经发生或存在的认知行动，它给经济学者提供分析的素材或场景。我在本书里将这种认知行动称为世界观。无论是哪个领域的研究，从时间或历史次序上，这种世界观不仅必然先于任何经济分析，而且即使是在每一个已经稳固建立的科学里，这种世界观也将会反复出现。因为，当一个人教导我们以这种世界观来观察世界的时候，我们总是能够发现之前所没能发现的新事实、新方法和新结果"[1]。

---

[1] Joseph A. Schumpeter, *History of Economic Analysis*, Oxford University Press, 1954, p.41.

熊彼特说："总体而言，逻辑、数学和物理学所研究的现象，与观察者或研究者的社会地位没有关系，实际上与人类社会的历史演化也没有关系。譬如在资本家和无产阶级的眼里，自由落体的石头是没有区别的。但是，社会科学就没有这个优点了。因此，社会科学往往面临两方面的挑战，社会科学不仅会面临任何科学命题都会面临的同样的挑战，而且还会面临另外一个挑战，那就是人们会宣称你的结论只不过是你所处的社会地位或阶级意识形态的反映。人们会坚持认为，除非弄清楚你的阶级意识形态，否则根本就没有可能判断你的结论是对还是错。"①

或许今天的主流经济学家并不认同熊彼特的观点，至少会认为熊彼特关于人的意识形态影响其社会科学研究结论的看法是夸大其词。

然而，平心而论，我们不得不承认，任何时候、任何地方，人们所处的社会地位或生活经历毫无疑问会深刻影响其对研究问题的选择以及对研究方法的偏爱，甚至潜意识地影响研究者的结论。坚信实证经济学方法论的学者始终强调要将研究的问题与主观价值判断区分开，这当然是对的。但是否能够做到真正的客观或如何做到，却不是那么容易。

熊彼特以斯密、马克思、凯恩斯三位经济学大师来说明所谓世界观或意识形态如何影响他们的经济学理念和分析框架。

他认为斯密的世界观或意识形态对其经济学的伤害是最小的，因为斯密出生于一个生活舒适的公务员家庭。身为大学教授和政府公务员，斯密的世界观偏见与大学教授和公务员通常拥有的偏见基本一致。熊彼特说："斯密对土地私有制的态度和对资本家的态度就是一个外部观察者对二者的态度。斯密很清楚地表明了自己的立场，他认为地主和资本家的存在是

---

① Joseph A. Schumpeter, *History of Economic Analysis*, Oxford University Press, 1954, p. 42.

一个必要的罪恶（因为懒惰的地主不劳而获，而资本家雇用辛勤劳动的人们）。尽管如此，斯密的意识形态却没有对他的经济分析造成严重影响。他的经济分析尊重事实、令人信服。"①

无论从好的方面还是不好的方面来说，马克思都与斯密完全不同。熊彼特说："从好的方面讲，马克思正是那个为我们揭示出意识形态重要影响的经济学家，也正是那个深刻理解意识形态本质的经济学家。从不好的方面讲，非常奇怪的是，马克思竟然对意识形态对他的经济分析的危害视而不见。"②

马克思出生于离法国边境不远的德国小城特里尔，生长于颇为富饶的资产阶级家庭，是一个感情极为强烈的人。熊彼特说："马克思本来是一位资产阶级极端派，后来却与资产阶级极端主义彻底决裂。他受德国古典哲学的哺育成长起来，但是直到 19 世纪 40 年代末期才开始逐渐成为一名职业经济学家，此前他从来不认为自己是一名职业经济学家。那时他已经 31 岁了，却还没有开始做任何严肃的经济分析工作。然而，此时他对资本主义生产过程的世界观已经定型，他的科学工作正是要应用他业已形成的世界观，而不是去纠正它。"③

那么马克思最与众不同的意识形态观念是什么呢？熊彼特认为，马克思最特别的世界观其实并非马克思本人所独创，"那些观念笼罩着当时巴黎的极端主义者圈子，而且可以一直追溯到 18 世纪一批作家的观念里。这些

① J. S. Schumpeter, "Science and Ideology", 引自：Thomas K. McCraw, *Prophet of Innovation: Joseph Schumpeter and Creative Destruction*, Cambridge: Belknap，2007, p.478.

② J. S. Schumpeter, "Science and Ideology", 引自：Thomas K. McCraw, *Prophet of Innovation: Joseph Schumpeter and Creative Destruction*, Cambridge: Belknap，2007, p.478–479.

③ J. S. Schumpeter, "Science and Ideology", 引自：Thomas K. McCraw, *Prophet of Innovation: Joseph Schumpeter and Creative Destruction*, Cambridge: Belknap，2007, p.478–479.

观念是关于人类生活极具冲击力和无比强大的世界观。它们将整个人类生活看作是有产阶级和无产阶级之间的阶级斗争，而且是一个阶级剥削了另一个阶级的残酷斗争"[1]。"阶级斗争和剥削导致无产阶级的生活和生存状况日益恶化和极端悲惨，最终结果就是那必然要到来的总清算，即无产阶级革命的总爆发。"[2]

熊彼特认为，马克思一些观点的某些方面，尤其是所谓无产阶级生活和生存状况日益恶化以致无比悲惨的看法，已经被历史事实证明有失偏颇，即使在马克思健在的时候就已经被证明是错的。

然而，尽管如此，"这种对历史的断言是如此紧密地与马克思思想最内在和最本质的信念连接在一起，是如此深深地植根于马克思的整个生命之中，以至根本上不可能被放弃或被削弱。何况，正是这种对人类历史演化的断言才是马克思主义能够吸引追随者的魅力所在。唯有如此，它才能感召那些忠实的信奉者"。[3]

熊彼特宣称："马克思的全部著作正是标志着意识形态对经济分析的胜利，他的全部经济分析都是他的世界观所必然导致的结果。"[4]

熊彼特并不是一个信口开河、随意下结论的学者，他被公认为 20 世纪最深刻的经济思想家之一，何况他对马克思充满敬意。《资本主义、社会主

---

[1] J. S. Schumpeter, "Science and Ideology", 引自：Thomas K. McCraw, *Prophet of Innovation: Joseph Schumpeter and Creative Destruction*, Cambridge: Belknap, 2007.

[2] J. S. Schumpeter, "Science and Ideology", 引自：Thomas K. McCraw, *Prophet of Innovation: Joseph Schumpeter and Creative Destruction*, Cambridge: Belknap, 2007.

[3] J. S. Schumpeter, "Science and Ideology", 引自：Thomas K. McCraw, *Prophet of Innovation: Joseph Schumpeter and Creative Destruction*, Cambridge: Belknap, 2007.

[4] J. S. Schumpeter, "Science and Ideology", 引自：Thomas K. McCraw, *Prophet of Innovation: Joseph Schumpeter and Creative Destruction*, Cambridge: Belknap, 2007.

义和民主》一书开篇就用大量篇幅全面系统地阐释了马克思的思想。因此，他对马克思意识形态的"苛评"也同样值得我们重视。①

熊彼特对凯恩斯经济学意识形态起源的分析则更为有趣和富有启发性。马克思经济分析及其结论的意识形态味道确实非常浓厚和明显，我们确实很难否定马克思的经济分析就是为了给他的世界观以科学和逻辑的证明。凯恩斯则不同，他很早就以职业经济学者出名，他的主要经济学著作，从《货币改革略论》《货币论》到《通论》，至少初看起来都是严格的学术著作，没有任何宣扬某种世界观和意识形态的意味。

然而，熊彼特以他锐利和独到的眼光，一眼看破了凯恩斯思想的内核和精髓。熊彼特以凯恩斯的《通论》为例来说明世界观如何决定经济学者的经济理论和分析方法。他认为凯恩斯的世界观主要源自他对英国资本主义时代趋势的观感。凯恩斯相信英国资本主义已经衰老、腐朽或脆弱，正是这种对英国资本主义前景的悲观看法决定了凯恩斯的全部经济理论及其分析体系。

他认为凯恩斯很年轻的时候就形成了自己的世界观，只不过一直到 37 岁时才正式以文字的形式明确表达出自己的世界观。这就是凯恩斯 1919 年出版的《〈凡尔赛和约〉的经济后果》中一些著名段落里所表达的思想。

熊彼特认为，《〈凡尔赛和约〉的经济后果》一书里的那些段落所表达的，就是一种现代停滞主义。它们阐述了凯恩斯不可动摇的信念，那就是人类（尤其是英国）经济体系已经不可救药地迈向永久停滞或毫无生气的状态。在可见的未来，公司将会发现没有多少投资的机会了；那些食利者或有钱人所积攒的钱可能永远被储蓄在那里没人消费；劳动者的工资却又

---

① J. S. Schumpeter, *Capitalism, Socialism, and Democracy*. Unwin Paperbacks, 6th, 1987.

无法增长以足够支持劳动者必要的消费。面对经济体系陷入如此停滞主义的困境，假若没有政府的刺激措施，资本主义经济体系自身必然陷入停滞甚至崩溃。这就是凯恩斯很早就已经形成的世界观。熊彼特认为"这种世界观从来没有消失，它反复出现在凯恩斯的众多著作里。然而，直到《通论》出版，凯恩斯才将他的世界观完整地运用到经济分析之中"。[①]

熊彼特认为，不仅像斯密、马克思、凯恩斯这样大师级的经济学者的经济分析深受世界观或意识形态的影响，每个经济学者都有自己独特的世界观或意识形态，都深受其世界观或意识形态的影响。

一个经济学者所提出的一套理论或学说究竟是源自客观科学的分析和脚踏实地的研究，还是源自某种先入为主或先验的意识形态和价值观，有时并非那么分明和容易辨别。譬如马克思将他那个时代几乎所有的经济学都概括为资产阶级意识形态的体现，或者都是为资产阶级意识形态做辩护，而资产阶级意识形态又是资产阶级利益的理论化或神圣化。

依照马克思的意识形态理论，任何时代的意识形态都是居统治地位的阶级利益的体现或理论化。一个人的社会地位或阶层阶级固然对其世界观和方法论有重大影响，然而人的社会阶级或阶层从来就不是固定的，即使单个人的一生也可能经历阶级或阶层的多样变化。一个人的世界观和方法论是否随之发生多次变化，是一个需要实证研究的问题。

从经济学本身来看，非常微妙的是，即使是严谨的并致力于纯粹经济科学的人，可能有时也难以分清真正的科学分析和潜在的意识形态影响。

---

①　J. S. Schumpeter, *Capitalism, Socialism, and Democracy*. Unwin Paperbacks, 6th, 1987, p.480–481.

兼容意识形态的影响和客观的经济学研究

由此就产生了一个令人感到非常困扰的问题：如果经济学者的经济分析深受（往往先入为主的）世界观或意识形态的影响，那么，追求所谓客观的经济学真理岂不是一种不切实际的幻想？我们如何能够寻找到真正客观的经济学真理呢？

熊彼特对这个问题的回答相当乐观，他认为经济学者的科学研究或经济分析受世界观或意识形态的影响不可避免，却也不是一件坏事，而是一件好事。因为，正是经济学者强烈的世界观或意识形态会刺激（或激励）经济学者去从事客观经济规律的探索，经济学者希望通过客观和深入的经济分析来证明自己的世界观或意识形态的准确性。在这个科学探索的过程里，一个真正尊重科学真理的经济学者会不断修正自己的世界观，甚至根本改变自己的世界观，尽管这是极其困难的事情。①

熊彼特认为，随着经济学这门学科的持续进展，不同经济学者之间的世界观或意识形态能够相互抵消，剩下的则是客观的经济学真理。我想大多数经济学者可能并不会完全同意熊彼特对经济学者世界观及经济分析之间关系的分析，也不会同意时间可以抵消意识形态的影响，从而剩下客观的真理，然而，熊彼特所讨论的现象却是任何经济学者都无法回避的。

尤其重要的是，熊彼特提醒我们必须正视一个基本问题，即究竟什么是客观的科学真理。尤其是对于研究人类经济行为的经济学这门学科而言，客观的真理到底意味着什么。

我以为中国古圣先贤"理一万殊""天下同归而殊途，一致而百虑"的

---

① J. S. Schumpeter, "Science and Ideology", 引自：Thomas K. McCraw, *Prophet of Innovation: Joseph Schumpeter and Creative Destruction*, Cambridge: Belknap, 2007, p.481.

说法，恰好可以说明熊彼特所阐述的基本困惑。与其说是世界观或意识形态的影响，倒不如说任何人（无论学识多么渊博、智力多么超群）认识世界总是从一个"通孔"出发的，总是从一个特殊的视角出发的，总是从某个具体的问题入手，总是从接触某个或某几个思想家的思想或理论起步的。这个基本的起点往往具有偶然性或随机性。研究者出生的家庭、社会环境、教育背景、交往的师友、偶然阅读的书籍等，皆可能是诱发或激发一个人开始研究某个问题，从而形成其学术观点的契机。这就是学术研究的路径依赖或不可逆性，这也是人类行为本质上不可逆的具体体现。

一个人从某个具体问题出发，开始研究一门学问，研究得越深入，要改变学术研究的方法或路径就越困难。这种学术的起点或契机就是学术思想或理论表达的"通孔"，每个学者所研究或观察的世界都是"一孔之见"。

我特别喜欢佛教经典里的一个寓言故事，那就是著名的"盲人摸象"。面对无限广阔的知识或真理世界，面对那个终极真理的具体表现形态的无限多样性，每个学者所知所见都是微不足道的那一点，诚所谓"管中窥豹""一孔之见"也。牛顿晚年说自己只不过像海边玩耍的小孩子那样捡到了几块贝壳；爱因斯坦说仰望那神秘的宇宙，内心永远充满着谦卑和敬畏。

面对复杂的人类经济世界，任何伟大的经济学家都只能了解那么一点点，任何高明的理论都只能窥见完备的绝对真理的某一个侧面，都只能隐隐约约地触及那个绝对真理的某一点。熊彼特说时间会抵消经济学者意识形态的影响，倒不如说随着知识领域的扩展和我们对真理认识的深入和丰富，我们会越来越接近那个完备的绝对真理。当然我们将永远无法把握那个完备的绝对真理，只能无限接近之，正如熊彼特对精确经济学的追求那样，我们永远无法获得真正的、绝对精确的经济学，只能无限接近它。

这当然是西方思想传统的知识论的观点。如果根据中国古圣先贤的思想传统，那么圣人则是无所不知，圣人完全知道那个完备的绝对真理。然而，此处圣人所谓的无所不知，只是知那个"超越的道"或"超越的绝对真理"。具体到客观知识或客观真理，圣人也只是"一孔之见"。正因为绝对真理的具体体现具有无限多样性，我们才需要鼓励人们从不同的角度去探索真理、积累知识，我们才需要鼓励独立之精神、自由之思想。将人们的思想和对真理的探索束缚到某一个路径上。钳制学术研究的自由，必然会极大地阻碍我们无限接近那个完备的绝对真理。

除意识形态和世界观之外，熊彼特还高度重视心理学研究对经济学的启示。他认为心理学是所有社会科学里最重要的基础之一，可以说他预言了当代行为经济学大行其道的趋势。他认为一切经济解释的基础皆是人类情感，由此就需要对人类行为的本质有深入透彻的理解，这毫无疑问是正确的和具有深刻洞察力的见解。

再进一步，我们则完全可以说，一切伟大经济学者的思想、理论、学说及其分析方法彼此的差异，皆可以从他们对人类行为本质或人性本质的不同看法里找到根源。

凯恩斯之所以不同于古典经济学者，是因为他对人性的看法与古典经济学者迥然不同。凯恩斯悲观的世界观让他更加注重人性的另一面，即"动物精神"——人性中那些非理性的行为和动机。

凯恩斯认为人类动物精神或非理性行为是经济体系或金融体系动荡、不稳定、危机、衰退、萧条等一切糟糕现象的根源。明斯基后来阐述凯恩斯思想的著作正是抓住了凯恩斯对人性的深刻洞见，而起自希克斯 IS-LM 模型的所谓"凯恩斯主义经济学"则完全抹掉了凯恩斯对人性的深刻洞察，所以罗宾逊夫人称凯恩斯主义经济学为"杂种凯恩斯主义"。由此我们可以说，对人性的深刻洞察或对人类行为本质的深刻洞察，才是决定一个经济学者重要性的试金石。

然而，我们还有一个基本的方法论或哲学问题需要认真回答，那就是：经济学是一门科学吗？熊彼特《经济分析史》开篇就试图回答此问题。

他说："经济学是一门科学吗？回答此问题首先取决于我们如何理解科学、如何定义科学。就人们日常用语或学术领域的专业术语而言（尤其是在英语和法语世界的学术界），科学往往指数学物理学。如果采取如此狭义的科学定义，所有社会科学都算不上科学，经济学当然也算不上科学。"[①]

由此观之，对经济学历史上的人物进行评价几乎是一件不可能的事情，要对这门学科进行批评和检讨也极为困难，那么我们从什么角度来反思和检讨呢？

我以为唯一可行的办法是把握这门学科最本质的精神血脉。所谓一门学科最本质的精神血脉，就是该学科赖以发展演变的基本理念（义理）和方法，也可称为该门学科的世界观和方法论（哲理基础）。

---

① J. S. Schumpeter, *History of Economic Analysis*, Oxford University Press, 1954, p.41.

第九章

新古典经济学最本质的洞见及其不足

从最深刻的意义上说，人类生活不是仅仅利用我们对现有价值的知识去最大限度地生产和享受它们，相反，人类生活乃是在价值领域的无尽探索，是永恒不懈持续努力去发现价值。我们一直竭尽全力去试图"认知我们自己"，去发现我们的真实需要，而不仅仅是去获得我们现实或当下的需要。正是这个最重要和最基本的事实，给作为一门科学的经济学设定了首要的和最全面的限定。

——弗兰克·奈特，《弗兰克·奈特文集：经济学的真理》

任何一门学科发展到一定程度，都必然变成一门复杂的学问。所谓复杂，就是指该学科的思想、理论、方法、模型和具体的问题等，既有深刻的时代印记，又有深刻的个人风格特征。譬如，1954 年出版的熊彼特《经济分析史》，涵盖的经济学者超过千人，时代跨越 2000 年。自熊彼特旷世巨作问世以来，经济学又历经半个多世纪发展，涌现出来的经济学者何止千人！即使是某个经济学者，其思想、理论、方法、模型以及所研究的具体问题，也往往变化多端。

所以，若以某种单一标准来衡量全部经济学术，或从某个单一视角来考察经济学，则必然失之偏颇。然而，我们又不可能掌握全部经济学文献，也不可能从所有视角来批评考察如此宏大繁复的学问，实在是左右为难。

我今日所采取的办法，是从最基本的层面或视角来考察批评主流经济学，即新古典经济学。这一最基本的层面或视角又分为如下几点：一是经济学者对人类行为本质的认识；二是经济学者对人类经济体系或经济制度本质的认识；三是经济学者用以分析解决问题的基本方法。实际上，每个层面或视角皆包含无限丰富的内容。

对价值本质认识的三次飞跃

经济学者对人类行为本质的认识，可以先试问几个问题：经济学数百年的发展演化，其最深刻而又最根源的洞见是什么？或者说，这门学科的基础是什么？

答曰：价值的起源和创造。

经济学者认为人的经济行为的本质是价值的创造，这是古典经济学者最深刻而又最根源的洞见。从古典经济学到新古典经济学，经济学者对人类行为本质的洞见经历了三次飞跃：第一次是从绝对价值论飞跃到相对价值论，第二次是从客观价值论飞跃到主观价值论，第三次是综合主客观价值论以完成供求价格均衡分析体系。

斯密、李嘉图、穆勒父子、马克思皆主张绝对价值论或劳动价值论，或客观价值论，尽管他们时不时会陷入如何计算绝对价值或劳动价值的循环论证。

对客观的、绝对的价值的追求，以李嘉图最为显著。李嘉图只重视和研究价值的分配问题，认为经济学不能够研究价值的创造，这是其经济学最大的缺陷和不足。因为没有创造就没有动态和演化，所以李嘉图追求所谓稳态经济体系，他致力于探求人类经济体系内部财富分配问题的终极规律。尽管如此，他坚持"货币长期中心""货币是一层面纱"，强调价值之本或价值之源是劳动，是实体经济，这些也是非凡的见解。

马克思经济学最根源和最本质的问题依然是古典经济学最根源和最本质的问题——价值的本质，即谁创造价值，价值如何被分配或转化为人们通常所见的利润、利息、地租和工资。马克思经济学的中心问题是价值问题。马克思赞扬资本主义经济制度是创造价值极其有效的制度，着力谴责资本主义的价值分配和再分配制度——剩余价值学说的核心不是价值创造，是价值分配。

马克思的深刻洞见是，资本主义经济体系的价值创造过程本身是一个动态的创造性毁灭过程。尽管马克思认为资本主义动态体系的动力根源只是资本家在追逐剩余价值的驱动下永无止境地提高资本有机构成，提高资本有机构成必然要求持续推进技术进步。马克思认识到价值创造过程（经济增长过程）是一个动态过程，认识到资本主义经济体系是一个动态演化体系，认识到制度安排对人类价值创造和价值分配具有决定性，这些都是其最激动人心和最持久的贡献。马克思将边际效用革命所开启的经济学称为庸俗经济学，其实是非常恰当的。熊彼特深受马克思的影响，提出"创新或创造性毁灭"理念，将创新或创造性毁灭视为资本主义经济动态体系的核心。马克思的局限是未能将价值和价值创造的根源一般化，也未能从最根源和最本质的层面认识价值。

从绝对和客观价值论飞跃到主观和相对价值论，是奥地利经济学派开山大师门格尔的伟大贡献。门格尔首创主观价值学说，在西方思想史上可谓石破天惊。奥地利经济学派最重要的学说包括：市场是一个发现的过程；知识的社会运用是价值创造的核心；强调个人主义和自由；强调个人自由和自发自在的市场秩序；坚决反对政府干预和计划经济；等等。其思想根源无不源自门格尔的主观价值学说。门格尔的主观价值学说与中国哲学思想实可融会贯通，正如康德哲学与中国哲学可融会贯通一样。

价值理论的第三次飞跃应该归功于边际效用革命和马歇尔的综合，经济学者对价值问题的追求彻底转变为对相对价格均衡和供求分析的追求。经济学关于人的价值问题的分析终于有了一个统一的架构。后世经济学者对人类经济行为本质的洞见，大体不出这个范围。所谓理性和非理性行为之分，所谓不确定性和预期，所谓动物精神，所谓经济学帝国主义，等等，皆是将古典和新古典经济学者对人类行为本质的洞见加以扩展、补充和完善。

特别值得一提的是奈特和费雪对价值理论的卓越见解，可谓是奇峰突出，别开生面。奈特的洞见以他的一句名言可以概括，即"人类生活就是在价值领域的无尽探索"。仅此一语，奈特就高出其他经济学者及其弟子许多层级。奈特不遗余力地批判和对抗经济学研究的效用最大化或功利化趋势。他甚至亲自写信给芝加哥大学校长，建议他们取缔经济学专业。正是他看到了经济学失去了价值之锚，堕落成为无休无止的意气或意见之争。

费雪则将价值的根源彻底一般化，开辟了收入、资产、利率、财富研究的崭新领域。

对人类经济制度认识的三次飞跃

考察经济学思想历史演化的第二个层面或视角则是经济学者对人类经济体系或经济制度本质的认识。这个层面也经历了三次重大革命性突破。

第一次是斯密"看不见的手"规律的发现。他综合了前人关于人类经济制度或经济体系规律的各种洞见，尤其是曼德维尔"私恶即公益"或"自发自在秩序"的思想。奥地利经济学派大宗师哈耶克对曼德维尔的思想和苏格兰启蒙运动推崇备至，核心就是它们所包含的自由主义和自发自在秩序的思想。芝加哥大学经济学派大宗师雅各布·瓦伊纳坚信斯密的伟大贡献是发现人类看似混乱的经济体系背后所隐藏的"统一秩序或自然规律"。

第二次突破是奈特和科斯对社会成本的洞见，尤其是科斯定律的伟大发现。此发现的重大意义，施蒂格勒在其自传里有精彩描述。

第三次突破是 20 世纪后期对不对称信息的发现和深入研究。

经济分析方法的三次飞跃

考察或批评经济学的第三个视角或层面则是经济学者所运用的方法。

第一次飞跃是效用概念的发明和边际效用革命的开启，它为数学全面引入经济学开辟了康庄大道，边沁的效用之树也越长越高。

第二次飞跃是数学方法全面引入经济学，数学模型成为经济学研究方法的绝对主流。

第三次飞跃则是所谓实证经济学方法论的兴起，将古典经济学原本坚守的价值判断或所谓规范经济学问题完全扫地出门。

萨缪尔森的《经济分析基础》是一座重要的里程碑，它将全部经济学问题归结为一个纯粹的最大化问题，成为今日经济学的主流范式。在此范式下，经济学只有一个问题：什么样的机制（价格机制或制度安排）能够实现效用最大化或利润最大化。从本质上说，科斯开启的产权和交易费用经济学直到张五常开创的经济解释，也未偏离这个最大化的基本范式。张五常将全部经济学问题或全部经济理论概括为"局限条件下的最大化"，实质上仍然是萨缪尔森的最大化范式。当然，张五常的经济解释方法和萨缪尔森的数学模型方法有极大的区别。张五常的经济解释方法致力于调查真实世界的局限条件，萨缪尔森和多数主流经济学者则致力于构造与真实世界基本脱节的数学模型。

新古典经济学演化到 20 世纪后期，效用最大化进一步蜕变为利润最大化，利润最大化蜕变为市值最大化。经济学最本质和最根源的问题、古典经济学最根源和最本质的洞见——价值的根源和创造——遂完全隐晦或完全被忽视。

从人性自私假设演变为效用或功利假设，从效用或功利假设演变为边际效用递减规律和效用最大化假设，形成了今天依然大行其道的新古典经济学，即以需求定律为基石或以供求分析为基石的新古典经济学。

需求定律由三部分构成：其一是所谓边际效用递减定律，其二是所谓替代定律，其三是所谓效用最大化假设（人性自私假设）。其背后的基本原理简单至极，那就是人性内在的趋利避害或局限条件下的最大化。

所谓供求分析则是在需求定律基础上再加上一个成本分析，或者边际成本递增或规模收益递减定律。此类分析用于个人经济决策，就是效用最大化；用于企业分析，就是利润最大化。后来，经济学者针对个人发明出所谓效用函数或消费函数，针对企业则发明出所谓生产函数。效用函数或生产函数里面的变量自然复杂多变，经济学者则根据自己的理解或喜好随意定义之，由此派生出无穷无尽的数理模型，相互辩驳，各执己见，煞有介事，实则大多是无稽之谈，既与真实世界无关，更与真正的学问无关，纯属数学游戏而已。

譬如菲利普·阿格田和彼得·豪伊特在 1992 年发表的著名文章《创造性毁灭增长模型》，以高深的数学公式将熊彼特创造性毁灭的伟大创见模型化。虽然该模型严谨，演算繁复，却完全没有熊彼特文字表述所饱含的那种深刻洞察力和内在激情。那么复杂的数学模型所贡献的新见解实在有限，算来算去，还不如熊彼特几句话具有说服力和感染力。这大概就是今天新古典经济学所有数学模型的共同特征：以复杂的数学模型拐弯抹角地去阐述原本简单的道理和常识。

上述三个层面和视角之间的关系相互影响，可能是我们批判和衡量经济思想发展史最应该深入细致加以考量的。不同经济学者的学术入门之路不同，初期所受到的教育环境和时代背景不同，往往深刻影响其经济思想、理论和使用方法。一个经济学者对人类行为本质和价值问题的思考越深刻越细致，则越不会迷信数学方法和计量方法。最显著的例子是奈特、熊彼特和哈耶克。

奈特出身哲学专业，早年曾翻译韦伯的哲学和社会学著作，他对人类行为和价值本质问题的思考深度无人能比。他相信经济学者讨论的那些问题，无论结论看起来多么深刻和科学，都不可能成为人类社会秩序的基础。人类社会秩序的基础只能是宗教和最终的价值根源，所以奈特对经济学的数学化深表怀疑甚至坚决反对。奈特思想深处所隐约闪现的就是人类行为背后所必然具有的"超越价值""永恒价值""绝对价值"。此种超越价值、永恒价值或绝对价值才是主宰人类一切行为（不仅仅是经济行为）的中流砥柱。所谓科学，所谓实证科学，所谓数学和逻辑方法，都无法帮助我们追寻到那个超越价值、永恒价值和绝对价值之源。奈特研究经济学所触及的问题，正是康德已经接近圆满解决的问题，即思辨理性和实践理性的区别，或者超越的道德的形而上学和经验的知识论的区分。

熊彼特早年致力于追求所谓精确经济学，他还是国际计量经济学学会的首任会长，然而，熊彼特最终却完全放弃了对所谓精确经济学（瓦尔拉斯式的完全数学模型化的经济学）的追求，其实这是熊彼特思想发展的必然结果。

熊彼特早年就读于哲学和艺术氛围极为浓厚的维也纳大学，对古希腊、罗马和中世纪经院哲学皆有浓厚的兴趣和广泛的涉猎。熊彼特深受马克思、门格尔、韦伯和德国历史学派的影响，尤其重要的是，熊彼特具有极其深刻的宗教信念。他对人类永恒的价值、对人类看似纷繁复杂行为和现象背后的那个永恒不变的规律的追求，已经深深融入他的精神血脉之中，这必然驱使他去深入研究历史、哲学、社会学、心理学、神学等学科，也必然让他难以相信数学方法或数学模型能够帮助他找到那个永恒不变的规律，所以他最终放弃对精确经济学的追求。

哈耶克则更为奇特。哈耶克早年的经济学著作还讨论货币、信用、通胀、生产周期等纯粹经济学的技术性问题。自从经历了第二次世界大战，尤其是经历了社会主义计划经济大论战之后，哈耶克深感人类面临的最紧迫的经济学问题绝非所谓数学方法和其他技术方法可以解决，于是彻底转向对历史、哲学、法学的深入研究。依照主流经济学者的看法，哈耶克中年以后的全部著作根本就不是经济学著作了，而是他对人类思想真正重要的贡献。

相反，研究方法的选择却可以极大地影响经济学者对人类经济行为本质和人类经济制度本质的看法。边际效用革命之后经济学的发展，就是最突出的历史现象。边际效用革命将微积分数学方法全面引入经济分析。微积分是物理学家牛顿和莱布尼茨为分析机械运动和天体运动而发明的数学方法，它尤其适合于描述趋于均衡的运动体系。经济学者借用牛顿的微积分来分析经济体系，很自然地就将人类经济体系看作或想象为一个趋于均衡的机械运动体系。

然而，事实上，人类经济体系从最基本的特征上看是一个非线性、动态演化的复杂体系，微积分和均衡分析根本无法把握经济体系的本质特征。然而，边际效用革命之后微积分的广泛使用，很快让马歇尔式的比较静态均衡分析或瓦尔拉斯式的一般静态均衡分析成为经济学者的主流甚至标准思维方式，以至像熊彼特这样思维视野极为开阔、清楚知道经济体系本质上是动态非均衡体系的伟大经济学家，也相信瓦尔拉斯是有史以来最伟大的经济学家，也曾经努力追求所谓高度数学化的精确经济学。熊彼特后来放弃了这个追求，更多地转向用社会学和历史学方法来研究人类经济体系演化的根本规律。

博弈论的兴起是另外一个突出案例，它表明经济学者对方法的选择必然会影响他们看待人类经济现象和经济体系的视野和方法，即经济学者的世界观。

将数学里面的博弈论引入经济学，源自大数学家冯·诺依曼和摩根斯坦的名著《博弈论与经济行为》。另一个数学天才约翰·纳什发现的"纳什均衡"看起来解释了人类社会尤其人类经济行为的某些重要特征，本来已经高度数学化的主流经济学界于是充满激情地全面拥抱博弈论。自20世纪

70 年代开始，博弈论日益成为美国和英国乃至全世界著名大学经济系的必修课，多位博弈论大师荣获诺贝尔经济学奖。然而，像科斯、张五常、蒙代尔等许多经济学者都认为博弈论实际上将经济学引入了歧途。

今天主流经济学的基本特征就是方法决定视野或者方法决定现实，即经济学者采用的方法决定了他们所观察或所想象的世界。

20 世纪 90 年代有一个针对哈佛大学、耶鲁大学、麻省理工学院、芝加哥大学、斯坦福大学和哥伦比亚大学经济学研究生的著名调查，问题是："什么样的能力最能让经济学学生进入成功的快车道？"第一个选项是数学优秀，57% 受访者认为极端重要，仅 2% 认为不重要。第二个选项是广博的经济学文献知识，10% 认为非常重要，43% 认为不重要。第三个选项是对真实经济情况有透彻了解，仅 3% 认为重要，竟然高达 68% 的受访者认为毫不重要！这真是令人惊讶的结果，也说明了当代美国和所谓西方主流经济学的整体思维方式与古典经济学时代已经大相径庭，与熊彼特、凯恩斯和费雪的时代也有天壤之别。当代经济学很大程度上就是数学游戏！ [①]

---

① Thomas K. McCraw, *Prophet of Innovation: Joseph Schumpeter and Creative Destruction*, Cambridge: Belknap, 2007, p.500.

第十章 新古典经济学的根本哲理基础及其重大缺陷

美蕴藏在完美无缺的和谐的理想中，完美的和谐体现在万能的人之中；真理就是对万能精神的完全的理解力。我们这些个人，在屡犯大大小小的错误中，在不断积累经验中，以及在使自己的精神不断受到启示中，逐渐接受了真理；要不是这样，我们怎么能够认识真理呢？我们称为真理的东西，存在于实在的主观和客观两方面的和谐中，其中每一方面都从属于万能的人。

　　　　　　　　　　　　　　　　　　　　——泰戈尔

经济学作为一门学科的特殊性

我们可以将人类的全部知识划分为三个领域：人对自然的认识、人对社会的认识，以及人对自身的认识。

人对自然的认识通称为自然科学，物理学、化学、动物学、植物学、气象学、地震学等以及一切与此相关的学问，皆属于人对外部世界的认识。人对社会的认识通称为社会科学，经济学、政治学、法学、历史学、社会学等以及一切与此相关的学问，皆属于人对社会或社会关系的认识。

人对自身的认识则难以用一个简单的名词来概括。若我们从自然生命的角度来认识自身，则进化论、生物学、生理学、医学、人种学、遗传学等以及一切相关的学科，皆属于人对自身自然生命（作为一个自然生命或物质生命的个体）的认识，此类知识往往也被归类为自然科学或"硬科学"。

若我们从价值生命或精神生命的角度来认识自身，宗教、道德伦理学、哲学、文学、艺术、心理学等以及一切与此相关的其他学问，皆属于人对自身价值生命或精神生命的认识，此类知识往往被归类于社会科学或人文学科。

上述划分有许多模糊不清和饱受质疑之处。人对外部世界的认识似乎最为准确和明确，然而，人作为一个自然生命体，也可算作外部自然世界。诸如人的血液循环系统、骨骼系统、内分泌系统、生殖系统、神经系统等，皆应该属于自然科学研究的对象。所以，人对自身的认识乃是跨越自然科学和社会科学两方面，所谓人对外部世界之认识也必然包括人对自身的认识。

人对社会的认识尤其如此，经济学、政治学、历史学、法学、心理学等，必然牵涉到人与外部自然世界的关系。譬如不同民族的文化和社会制度起源就与该民族始祖所居住、生活的自然环境有重大关系，因此环境决定论曾经风靡一时，以人种或种族来解释社会制度和文化演变的各种奇谈怪论也曾经风靡一时（坦率地说，这些不是毫无道理）。宗教和道德伦理学等形而上学看起来与外部自然环境关系最远，实际上任何一个民族的宗教、道德伦理学等与该民族对外部自然世界的认识息息相关。

从这个意义上看，经济学的特殊性一目了然。经济学确实是一门"一只脚同时踏进两条河流或多条河流"的学科。熊彼特《经济分析史》论述经济学这门学科的核心构成部分，包括4个方面：经济史学、经济统计学、经济理论和经济伦理学。他认为经济史学是最重要的。

熊彼特说："迄今为止，在所有与研究经济学相关的各种具有根本重要性的学术领域里，经济史是最重要的。我所说的经济史包括当今世界的经济事实。我希望清楚地向读者表明，假若我现在重新开始研究经济学，而且在三门最必要的学科里——历史、统计和理论——只能选择一门学科来研究，那么我的选择就是经济史。我这么选择有三个理由。其一，经济学这门学科所研究的主题，从本质上说就是在历史长河里流淌演化的一个独特过程。无论是谁，假若他对历史事实没有适当的掌握，或者没有适当的历史感，或者说没有适当的历史经验，那么就不可能理解任何经济现象，包括当今世界的经济现象。其二，历史记录或历史报告不可能是纯粹经济学的记录，它必然同时反映那些制度性的事实。这些基本的制度性的事实不是纯粹的经济学事实，因此，经济史是帮助我们理解经济力量和非经济力量如何相互作用、相互关联的最佳途径和方法，是帮助我们理解各种社会科学如何相互关联的最佳方法。其三则是基于一个基本事实，即（我坚信）经济分析里所犯的根本性错误通常都是源于历史经验的欠缺，而不是源于其他研究方法和工具的失误或欠缺。"[1]

---

[1]　J. S. Schumpeter, *History of Economic Analysis*, Oxford University Press, 1954, p.33–37.

然而，除了历史、统计和理论之外，熊彼特随后还列举了许多与经济学密切相关的学科：哲学、社会学、心理学，乃至神学和物理学等。

　　由此看来，经济学研究几乎涉及人类的一切学问，尤其是所有社会科学似乎都与经济学有关。这是很自然的，因为人类经济行为本来就牵涉到人的一切行为，经济行为又是人类一切行为里最重要的行为之一。

　　马歇尔在《经济学原理》开篇里就说，经济和宗教是人类一切生活里最重要的两个侧面，一个满足物质生活需求，一个满足精神生活需求。[①]从最高境界上来说，研究人类经济行为和经济现象需要同时了解人类行为的所有侧面，尽管现实上没有哪个人能够全知全能。这正是熊彼特毕生追求的目标，也是他的经济学独具魅力的地方。他绝不相信经济学者躲在象牙塔里所构造的数学模型能够帮助我们理解现实的经济行为和经济现象。

　　由此可知，无论如何划分人类知识领域，总是无法找到一个干净利落、泾渭分明的分界线，由此必然迫使我们思考一个高级问题：人类是否拥有一个终极的知识和真理，其他一切知识和真理皆是这个终极知识和真理的具体体现？

　　其实人类早期知识就是一个统一的包罗万象的知识。人类早期的学者都是通才或万能学者。譬如孔子精通六艺，六艺囊括了当时的所有学问。六艺又被划分为四科，孔门弟子原则上必须精通孔门四科。苏格拉底、柏拉图和亚里士多德都是全能型哲学家或科学家。按照熊彼特《经济分析史》里的说法，微积分发明者莱布尼茨或许是最后一位，也是最著名的一位万能哲学家和科学家。莱布尼茨纵横驰骋的学问领域从物理学到纯数学，从政治经济学到思辨哲学，几乎无所不包。

　　中国至少自孔子时代开始，就有所谓"德性之知"和"见闻之知"之

---

① Alfred Marshall, *Principles of Economics*, Volume One, Macmillan and Co., Ltd.1920, p.1–2.

分，它与西方世界自 17 世纪起将人类一切学问划分为所谓自然哲学和道德哲学有异曲同工之妙。

西方科学方法论背后的本体论

事实上，任何一个学术方法论的背后都必然蕴含着一个本体论、知识论（认识论）和价值论。经济学也不例外。为了深入理解西方经济学的哲理基础，我们必须理解他们思想或科学背后的本体论、认识论和价值论。

依照西方科学方法论背后的本体论，不仅现象和本体独立于人自身而存在，本体自身也独立于现象而存在（独在）。所谓本体就是爱因斯坦毕生所追求的"实在"（reality）。现象背后有一个神秘的实在或本体，这是西方智慧的一个基本特征。上帝就是这个本体或实在的代名词。

西方许多伟大哲学家和科学家（如斯宾诺莎和爱因斯坦）并不信仰一个人格化的上帝，而是信仰一个非人格化的上帝。他们将非人格化的上帝称为"永恒的秩序或最后的秘密"。

无论如何称呼，那个神秘的本体或永恒的秩序似乎是完全独立于我们日常所闻所见的现象，独立于我们自身，独立于人心或人性。西方伟大科学家确实是将那个永恒的秩序或本体当作独立的事物去追寻和探索。

纯粹思维究竟能否把握那终极的实在，这是西方哲学家和科学家始终追问的最大问题。爱因斯坦发现广义相对论，为科学家探寻宇宙的起源和最终的归宿开辟了道路，被公认为纯粹思维能够把握终极实在（本体）的最辉煌成就。

依照东方智慧，现象和本体是一非二，心与物是一非二，宇宙大生命与我们的生命是一非二，现象即本体，本体即现象，没有一个独立于现象之外的孤立本体，没有一个独立于我们本心的孤立实在。所以陆象山特别喜欢说这样的话："宇宙便是吾心，吾心即是宇宙。"①

现象的规律（或关系，或法则）虽然千变万化，但皆是本体之大用流行。所谓一为无量，无量为一，一是绝对的一，无量则是相对的、可变的。其实那个绝对的"一"（本体或实在）本身没有例外的（或特殊的）规律可说，无量无边的现象界的规律也就是本体或实在的规律的体现，只不过人类可能永远无法穷尽无量无边的现象界的规律，所以总觉得现象变幻无常、难以捉摸，故而希求现象背后那个永恒不变的规律。其实哪里有独立于现象而外在永恒不变的规律呢？

西方科学方法论背后的认识论和知识论

西方科学方法论背后的认识论和知识论博大精深，成就辉煌。

缘何？盖西方思想视现象界为绝对的、独立的、客观的存在，故而探寻现象界的规律或法则成为西方哲人的首要任务甚至是唯一任务。

地中海周边诸国（如埃及、希腊和意大利）为西方科学的发源地。远古时代，该地区的数学、几何、天文、航海等科技知识已相当发达，并逐步走上"科学稳步发展进步的康庄大道"（康德语）。

西方哲人从远古时代就开始严谨细致地思考"什么是知识""什么是真理"等知识论所必须回答的基本问题，对各种概念、范畴的解析尤为严谨。至康德《纯粹理性批判》问世，西方知识论和认识论便登峰造极，后世的逻辑实证主义（如奥地利学派的逻辑实证主义，20世纪波普尔和卡尔纳普

---

① 牟宗三. 从陆象山到刘蕺山 [M]. 长春：吉林出版集团有限责任公司，2010：18.

所代表的实证哲学等）皆不出康德的范围，只不过阐释日益精细而已，至今形成了以实证科学为标志的统一方法论，成为今日人类科学界或知识界居于统治地位的方法论。

所谓实证科学方法论，简而言之就是：感性触之，想象统之，知性思之，时空定之，概念（范畴）成之，事实验之。推导出或发现能够被事实验证或推翻的假说，成为实证科学家的第一要务。

经济学方法论和一般科学方法论并无二致。东方智慧数千年来没有形成系统的认识论或知识论，很大程度上因为东方哲人认为现象如幻如化、不可捉摸，故而将主要或全部精神致力于追求终极真理，特别注重内证或体认（所谓内圣之学），没有兴趣去探求外部现象世界或真实世界。中国伟大哲人几乎从来没有想过科学实验之类的事情，甚至对日常生活的经验或现象也无深入考察的兴趣。佛家虽对现象界的万千变化极尽解析，然而皆是从心理学角度说明那万千变化的现象不过是如幻如化的执着，并非希望建构科学知识。所以东方智慧数千年没有形成任何真正意义上的认识论和知识论，这是东方智慧最大的缺憾和不足。

西方科学方法论背后的价值论和人生论

人生论就是价值论，即人生价值的源泉何在。

西方科学背后实际并无人生论，大概是因为科学背后也没有价值论。科学精于解析现象，分析概念和范畴。自古希腊开始，柏拉图和亚里士多德讨论正义、善、恶、道德等理念时，就喜欢问：什么是正义？什么是善？什么是恶？什么是道德？

西方科学时代兴起之后，则只承认外在现象为客观的事实，人本身也是外在客观的事实，也要接受科学的解析。科学解析或分析一切事物或现象，其解释箭头总是向下追问，永无止境。譬如，物质皆由分子构成，分子则由中子、质子、电子构成，中子、电子、质子则由更微小的基本粒子构成。20 世纪以来，科学家已经发现很多种基本粒子，2013 年更是发现了被称为"上帝粒子"的希格斯粒子。原则上，粒子或物质可以无限细分下去，所谓"一尺之棰，日取其半，万世不竭"。

依照科学方法论，任何理念包括人类生活赖以维系的诸多概念也要接受科学分析。苏格拉底曾经问：人是什么？依照科学方法论，人由各种机体构成，机体由细胞构成，细胞由分子构成，分子则由原子构成，如此一直解析下去，直至几乎什么也没有！

那么人到底是什么呢？科学方法论无法给出答案！科学的解析与佛家的解析往往有异曲同工之妙。譬如佛家认为人是"五蕴和合"，是诸般烦恼和合而成，所谓"因烦恼有身，非因身而有烦恼"。佛家于是深入解析各种烦恼，直至证明一切烦恼原来都非真实，皆是虚妄无实、如幻如化。所以人要是真去掉了执着，去掉了烦恼，人身也就没有了。是故熊十力先生说佛家实有反人生倾向。

简而言之，无论是西方科学的解析还是佛家的解析，解析到最后的结论，则是人生原来是了无意义的。人生的意义和价值没有着落，没有根源。

依照科学方法论或佛家解析之术，人生终究是无意义的。格式塔心理学奠基人之一沃尔夫冈·苛勒曾经撰写了《价值在事实世界中的地位》一书，试图为价值寻找一个根源。科学只承认客观事实，不承认主观价值。科学家的视野里只有客观事实，没有主观价值。正如现代实证经济学的信奉者，不谈动机，不谈意愿，只谈事实。分析事实根本分析不出来任何价值，所以科学方法论刺激出现代存在主义的兴起，试图在一个价值空虚的宇宙里寻找价值。20世纪时，缘起法国、红极一时的存在主义哲学思潮，正是受西方科学主义或唯科学论刺激应运而生。

简要总结了西方科学方法论背后的本体论、知识论和价值论，我们就能够清楚了解主流经济学背后的本体论、知识论和价值论的根本缺陷，因为主流经济学的本体论、知识论和价值论直接源于西方科学的本体论、知识论和方法论。以下将详细论述主流经济学方法论的根本缺陷。

第十一章
新古典经济学基础理论和分析方法的根本性错误

当经济学家们侃侃而谈，满怀激情介绍他们的理论模型之时，1977 年诺贝尔物理学奖得主菲利普·安德森往椅子后背一靠，脸上挂着微笑问：你们真的相信这一套？

——沃尔德罗普，《复杂》

从一般意义上我们可以说，西方经济学的基本哲理和方法论源自西方科学的基本哲理和方法论。牛顿力学方法论对经济学方法论具有极其深远的影响。

美国《经济学文献杂志》（*Journal of Economic Literature*）的创始人马克·珀尔曼在给熊彼特《经济分析史》1994 年新版所写的序言里明确说道："牛顿是微积分的发明者，他利用微积分研究机械体系，所以对均衡理念情有独钟。经济学者充分认识到微积分应用到经济分析里的巨大潜力，却没有认识到，微积分和均衡分析是从物理学推导出来的方法，并不适合像经济学这样本来属于社会生物学范畴的学科。经济体系一个具有基本重要性的真理是：从来没有均衡，只有永不停息的变动和演化。"[①]

当然，很多经济学者都对经济学简单借用物理学方法表达过怀疑和不满，可是新古典经济学依然大行其道，也依然是今天全球经济学的主流。

我们需要进一步说明，假若西方经济学真的严格追随物理学的基本哲理和方法，恐怕也不会走到今天完全与现实脱节的境地。因为物理学作为一门实证科学，始终强调理论必须经受经验的检验和验证。物理学家不仅强调理论的结论要与现实相符，要接受真实事实的检验，而且强调理论的假设前提也要具有真实性。新古典经济学恰好与此相反。实证经济学方法论不仅不注重其理论假设和前提的真实性，反而强调理论假设和前提不需要具有任何真实性。

关于物理学的基本方法，爱因斯坦曾经讲过两段话，让许多人包括物理学家都深感困惑。

1933 年 6 月 10 日，爱因斯坦在牛津大学发表演讲《关于理论物理学

[①]　J. S. Schumpeter, *History of Economic Analysis*, Oxford University Press, 1954, p.xxvi.

的方法》时说："纯粹的逻辑思维不能给我们任何关于经验世界的知识；一切关于实在的知识，都是从经验开始，又终结于经验。"①

1936年，爱因斯坦发表另一篇重要文章《物理学和实在》，在这篇文章中他说道："我们现在特别清楚地领会到，那些相信理论是从经验归纳出来的理论家是多么错误啊，甚至伟大的牛顿也不能摆脱这样的错误（牛顿曾经说：我不做假说）。"②

这两段话看似相互矛盾：前者说一切关于实在的知识都是从经验开始，又终结于经验，后者却说相信理论是从经验归纳出来的理论家是多么错误。究竟如何理解爱因斯坦的科学哲理和方法论？这两段话对我们深刻理解新古典经济学的哲理和方法论又能够有怎样的启发呢？

爱因斯坦早年笃信休谟和马赫的怀疑论和经验论，坚信物理学的概念必须能够明确定义，能够明确观察（这与今天笃信实证经济学方法论的经济学者的信念一样）。正是秉持如此坚定的信念，爱因斯坦抛弃了牛顿力学的绝对时间、绝对空间的概念，抛弃了19世纪笼罩物理学领域的"以太"概念，创立了石破天惊的狭义相对论。

如果说狭义相对论背后的哲理和方法论是休谟和马赫的怀疑论和经验论，那么广义相对论背后的哲理和方法论则是唯理论和建构论（所谓的理性理论，区别于来自经验归纳的经验理论），即从几个最基本的原理和假设推导出新的物理学理论。

广义相对论的创立不是基于任何观察到的事实，而是基于爱因斯坦所说的等价原理——引力和加速度等价原理。这个等价原理又是来自爱因斯

① A. 爱因斯坦 . 走近爱因斯坦 [M]. 许良英，王瑞智，编 . 沈阳：辽宁教育出版社，2005：155–156.

② 许良英，等 . 爱因斯坦文集：增补本 . 第一卷 [M]. 北京：商务印书馆，2009：490.

坦纯粹的思想实验，因为还没有真实的实验去证实这个等价原理。

仅仅从这个等价原理出发，爱因斯坦竟然推导出"人类思想史上最伟大的成就之一"（英国皇家学院主席、电子的发现者约瑟夫·约翰汤姆逊对广义相对论的评价），因此爱因斯坦说："我认为，像古代人所梦想的，纯粹思维能够把握实在，这种看法是正确的。"①

这也就是前面引述的爱因斯坦第二段话的意思。理论并非从经验归纳出来，而是从最一般的原理和假设推导出来的。

我以为爱因斯坦这两段话并不矛盾。理由如下：

其一，物理学或自然科学的某些理论从经验归纳得出，另一些理论从最基本的原理和假设出发，运用纯粹思维或数学推导出来，二者相辅相成，相得益彰，并不排斥。

其二，也是更重要的，那就是无论是从经验归纳出来的理论，还是从原理和假设推导出来的理论，最终的检验标准或试金石必须是经验事实或可观察到的自然现象。

广义相对论基于引力和加速度等价原理，狭义相对论也是基于一个基本的原理和假设——光速不变。爱因斯坦的狭义相对论和广义相对论被人类广泛接受为伟大的物理学理论，是因为这两个理论所推导和预言的许多物理现象最终被观测证实。所以无论是哪种理论，最终都必须被观测证实，才能成为普遍接受的真理。对于物理学来说，不仅理论本身要被观测到的现象证实，而且理论赖以推导出来的假说和原理也不能是凭空想象或空中楼阁，也必须是能够被观测到的事实证实。譬如光速不变、加速度和引力等价原理都得到了观测证实。

---

① A. 爱因斯坦. 走近爱因斯坦 [M]. 许良英，王瑞智，编. 沈阳：辽宁教育出版社，2005：158.

从这个意义上说，虽然经济学者刻意追随物理学家的哲理和方法，然而经济学者却棋差一着。经济学者从一些基本原理和假说出发，推导出关于人类经济行为、经济现象和经济体系的理论，这没有错。

经济学者的错有二：其一，从那些基本假设推导出来的理论没有任何现实的对应物，与真实的人类经济行为和经济现象毫无关系；其二，经济学者坚持他们赖以推导出理论的那些原理和假说可以或不需要是真实的，也就是说，经济学者相信他们的原理和假说可以完全是空中楼阁。弗里德曼的《实证经济学方法论》是主张这个基本方法论的经典论文。这是经济学方法与物理学方法的根本不同之处，我以为这也是实证经济学方法论的根本错误之处。

理论本身不需要与真实世界相符或与真实世界有任何关系，理论的假设前提也不需要具有任何真实性，那么整个新古典经济学就变成纯粹的思维或数学游戏了。主流经济学或新古典经济学最大的问题和麻烦就在于此。

有两个故事可以为证。

一个故事是陈平教授讲的。北京大学的陈平教授致力于将物理学的诸多理念引入经济学研究，他讲过 1977 年诺贝尔化学奖得主、耗散结构理论开创者普里戈金的一个故事。普里戈金是一位兴趣非常广泛的科学家，有一次碰到 1983 年诺贝尔经济学奖得主、一般均衡存在性的主要证明者杰拉德·德布鲁。他问德布鲁研究什么。德布鲁回答说研究经济体系的一般均衡模型。普里戈金问他研究的一般均衡模型有什么用。不料，德布鲁对普里戈金的问题非常生气，他说一般均衡理论模型非常美妙，这就够了，为什么要管它有什么用？德布鲁不提任何应用实例。普里戈金感到非常震惊，因为作为一位自然科学家，他认为任何美妙的理论都必须有应用场景和实例。[1]

---

① 陈平.经济数学为何如此落伍却自封社会科学之王？ [OL].[2018–12–17].http://www.cifu.fudan.edu.cn/75/cb/c413a161227/page.htm.

描述桑塔菲研究所创立历史和复杂性科学兴起的科普著作《复杂》一书，作者沃尔德罗普也讲过类似的故事。据桑塔菲研究所的研究员、以研究规模收益递增闻名的斯坦福大学教授布莱恩·阿瑟回忆，当桑塔菲研究所里的物理学家和经济学者一起讨论经济学时，"物理学家们一直在挤兑经济学者。他们对经济学家做的假设感到非常吃惊。对假设的检验不是来自现实生活，而是看这一假设是否符合经济学领域的流行观点感到非常吃惊"①。

阿瑟回忆道，当经济学家侃侃而谈，满怀激情地介绍他们的理论模型时，"1977年诺贝尔物理学奖得主菲利普·安德森往椅子后背一靠，脸上挂着微笑问：你们真的相信这一套"？

被逼到死角的经济学者争辩道："但这有助于我们解决一些问题。如果不做这些假设，就什么都无法做了。"

安德森立刻反驳说："但是这能够帮助你们解决什么问题呢？如果这种假设不符合现实情况，你们还是无法真正解决问题。"②

这两个故事生动地描绘了新古典经济学理论的内在特征——不仅理论结论与现实毫无关系，理论本身的前提和假设更是与现实毫无关系。整个新古典经济学的核心理论就是与真实经济完全不相关的数学模型乌托邦，这些数学模型乌托邦纯粹是经济学者头脑里的创造物——纯粹思维的产物，不是真实经济世界现实发生的事情。这些纯粹思维的产物能够像爱因斯坦所说的那样"把握实在"吗？很不幸，新古典经济学那些纯粹思维的产物根本无法把握真实经济的实在。

---

① 米歇尔·沃尔德罗普.复杂：诞生于秩序与混沌边缘的科学 [M].陈玲，译，北京：生活·读书·新知三联书店，1997.

② 米歇尔·沃尔德罗普.复杂：诞生于秩序与混沌边缘的科学 [M].陈玲，译，北京：生活·读书·新知三联书店，1997.

新古典经济学那些纯粹思维的产物究竟是些怎样的理论呢？我称之为新古典经济学的理论乌托邦。这些理论乌托邦以新古典经济学的多个理论基准或等价定律为代表。

许成钢教授曾经撰文总结了新古典经济学的 5 个不相关性定理（也可称为等价定理或理论基准），他认为经济学的理论精华就是这 5 个不相关性定理。我认为许教授的这个总结很到位，很有启发性，比较准确地概括了新古典经济学的核心思维方式和理论特征。仔细思考这 5 个不相关性定理，我们不仅能够把握新古典经济学的精华和内核，同时也能透彻了解新古典经济学作为一个理论体系的严重缺陷甚至荒诞。[①]

5 个理论基准或等价定理是：

一是著名的阿罗—德布鲁一般均衡模型或帕累托最优均衡。阿罗—德布鲁一般均衡模型证明，帕累托最优均衡或资源配置的最优效率（或经济体系运行的最优效率）与制度安排无关。

二是起自李嘉图的货币长期中性。货币长期中性模型证明，资源配置的最优效率或经济增长与货币政策、金融工具、金融制度无关。

三是金融市场著名的 MM 定理。MM 定理证明，企业赢利能力（广义地说就是资源配置的效率）与金融工具、金融制度无关。

四是著名的科斯定律。科斯定律证明，资源配置的最优效率（或经济体系的运行效率）与产权制度的安排无关。

五是公共财政领域的李嘉图等价原理。[②] 李嘉图等价原理证明，资源配

---

① 许成钢.经济学、经济学家与经济学教育 [M]// 吴敬琏.比较：第一辑.北京：中信出版社，2002.

② 许成钢教授所总结的第五个不相关性定理是贝克尔—施蒂格勒最优阻吓理论模型，此处不涉及这个理论基准，因而加上公共财政领域的李嘉图等价原理。

置的效率或国民财富的增长与政府公共财政政策无关。

其实原则上我们能够推导出无数的等价定理。这里需要说明一下，为什么称为等价定理呢？

因为阿罗—德布鲁一般均衡模型证明，对于实现资源最优配置而言，计划经济和市场经济乃至任何经济组织形式都是等价的；货币中性定理证明，对于长期经济增长或资源最优配置而言，无论采取哪种货币政策和金融制度都是等价的；MM 定理证明，对于企业最优盈利能力而言，无论采用何种融资方式都是等价的；科斯定律证明，为了实现资源最优配置或最优效率，无论哪种产权制度都是等价的；李嘉图等价定理证明，对于经济体系最优效率或国民财富增长来说，无论采取哪种公共财政政策都是等价的。

听起来是不是很怪异？新古典经济学者描绘了一个无差别的、完全一模一样的世界，一个真正的毫无差别的理论乌托邦。经济学者怎么会得到上述结论呢？

简而言之，经济学者之所以能够推导出如此漂亮的等价定理或不相关性定理，是因为他们从头脑里想象出一整套假设，至于这套假设与真实经济有没有任何关系，他们并不关心，他们关心的是这些假设能不能满足数学模型证明的需要。

所有这些纯粹思维的假设主要是两个：一是所谓市场完全，二是不存在不对称信息。这两个假设的具体含义细说起来相当复杂。总而言之，经济学者假设经济体系的每一个参与者皆完全一样，没有任何独特性；假设经济体系运转所需的一切信息皆完美无缺，且完全免费获得。依照今日信息经济学的术语，上述等价定理都具有一个基本的共同假设，那就是一切信息费用或交易费用皆为零，或者没有任何不对称信息。

善哉！善哉！若我们所生活的世界是一个完美无缺的乌托邦，是一个信息完全免费获得的理想之境，或者人人如上帝一般皆是全知全能者，那么世间一切皆是等价的、一致的、完全相同的。上帝面前没有差别，没有对照，没有独特性。所谓经济学的各种等价定理，皆是假想一个理想之境，此理想之境有不同说法，主要目的就是首先假设和构造一个理想的世界，然后将现实的经济问题与此理想之境进行对照。

如果说经济学者追随物理学的哲理和方法，那么与物理学相对照，新古典经济学的哲理和方法完全背离了物理学的基本精神。前面引述爱因斯坦对科学方法论的精辟论述，我们已经非常清楚，物理学家无论构造何种理论，无论以什么方法构造理论，理论的结论及其假设最终必须接受经验和可观测现象的检验，即理论的结论及其假设必须是真实的，不能是虚幻或假想的。

爱因斯坦狭义相对论的著名原理——光速不变，是一个真实的现象，不是凭空的假设；广义相对论的基本原理和前提——加速度和引力的等价原理，已经得到经验事实的完全验证。

与此相反，新古典经济学几乎所有的模型，尤其是阿罗—德布鲁模型，其假设完全是空中楼阁，没有任何真实性。我们在真实世界里找不到任何所谓市场完备和完全信息的经济体系。由此可见，实证经济学方法论看似追随实证科学方法论而来，实则有重大区别。实证科学方法论强调理论前提和假设的真实性，由此推导出的理论结论才具有真实性，才有可能被可观测的经验事实证实或检验。实证经济学方法论则不然，它并不要求假设的真实性，这是实证经济学方法论的第一个重大谬误。

那么，是否真如弗里德曼《实证经济学方法论》一文所说，从不真实的假设出发，也可以推导出符合真实经济世界的结论或含义呢？弗里德曼在《实证经济学方法论》一文里举了一个很搞笑的例子："让我们思考众多树叶在一棵树上的分布密度吧。我提出一个假设：假设每片树叶都竭尽全力要获得最多的阳光照射量，树叶的密度分布或每片树叶的位置就因此而决定了。我再假设每片叶子都理解决定阳光照射量的物理定律，给定其相邻树叶的位置，每片树叶都能立刻或瞬间从任意位置移动到任何它想占据的位置或空位上去……尽管这些假设看起来完全是错误的，可是这些假设却有极大的可信度，因为从这些假设推导出来的含义符合观察到的事实。"[①]

科斯有一篇重要文章《经济学家应该如何选择》，直截了当地反驳弗里德曼的"胡扯"。科斯说："就让我们假设一片树叶能够订阅《科学美国人》和《分子生物学》杂志吧，而且还假设树叶能够读懂杂志里的内容，就算我们从这些荒谬的假设出发，能够帮助我们预测一棵树上树叶的密度分布，然而，毋庸置疑，对于我们思考树叶或树的问题，如此理论是一个非常糟糕的理论。我们的问题是基于树叶没有头脑的前提下，解释一棵树上的树叶是如何分布的。"[②]

科斯接着说："如果我们真的希望理论能够帮助我们理解真实世界的经济体系究竟是如何运转的，那么，理论的假设就必须具有真实性。唯有坚持理论假设或前提的真实性，才能迫使我们去分析真实存在的世界，而不是费神耗力去分析那根本不存在的世界。"[③]

遗憾的是，新古典经济学者从来没有认真听过科斯的建议。他们追随

---

① Milton Friedman, *Essays in Positive Economics*, The University of Chicago Press, 1953, p.19–20.

② R. H. Coase, *Essays on Economics and Economists*, The University of Chicago Press, 1994, p.17–18.

③ R. H. Coase, *Essays on Economics and Economists*, The University of Chicago Press, 1994, p.17–18.

弗里德曼，以为从完全虚假的假设和前提出发，能够推导出与真实世界相符的结论或含义。事实证明，从虚假的假设出发所推导出来的世界必定是虚假的世界，与真实经济世界毫无关系。阿罗—德布鲁一般均衡模型就是最经典的例子，难怪德布鲁对普里戈金的问题深感恼火。

正是从荒诞不经的效用最大化、利润最大化、边际成本定价、完全信息等假设前提出发，新古典经济学者推导出荒谬至极、与真实世界完全不符的结论，并以此结论作为理解整个人类经济体系运作的基石！

这个基本结论是什么呢？就是所谓"边际效用＝边际成本＝市场价格"。经济学者从那些假设出发，依照严谨的数学公式，推导出"边际效用＝边际成本＝市场价格"的完美状态。它不仅是资源配置效率最高的经济状态，而且是社会福利水平最高的经济状态，经济学者为此专门发明了一个名词叫帕累托最优。

所谓帕累托最优，就是经济体系的效率和福利均达到至高至善之境，任何改变都会既损失效率，也损失福利。

这就是著名的福利经济学第一定理，它包括三个基本含义：其一，完全竞争的市场经济的一般均衡都是帕累托最优；其二，达到均衡的自由市场必然是帕累托最优；其三，企业追求利润最大化，个人追求效用最大化，市场自然可以达到一个社会最优的资源配置。福利经济学第一定理的假设前提是：完全竞争，没有外部性，没有交易成本，完全信息，不存在规模经济。

新古典经济学者给"边际效用＝边际成本＝市场价格"的经济状态取了好多名字，其中一个是"完全竞争"。他们相信那是人类经济体系能够达到的最理想状态。

对于那些背离完全竞争均衡的经济状态，经济学者也取了很多名字，诸如"不完全竞争""垄断竞争""垄断"等，都是饱含贬义的术语，谴责起来不遗余力。凡是背离完全竞争状态，既有效率损失，又有福利损失，都是不可取的经济体系运行状态，需要采取措施调整或修正，譬如采取各种政府干预措施来纠偏，这是反垄断的理论基础，也是马歇尔继承人庇古《福利经济学》倡议多种政府干预措施的理论基础。

长久以来，有许多经济学者对所谓完全竞争均衡提出了批评。譬如美国研究企业发展史首屈一指的大师钱德勒1974年出版的名著《看得见的手》，书中尖锐批评了经济学者固守所谓完全竞争均衡的老生常谈，批评他们根本没有预言到"看得见的手"（大公司和管理资本主义）会取代"看不见的手"（纯粹的市场价格），成为推动美国现代经济迅猛崛起的关键力量。《看得见的手》引言里的一段话值得全文引述，因为钱德勒对新古典经济理论的批评今天依然适用：

> 由众多拿薪水的中层和高层管理者所管理的、拥有多个职能部门的企业，我们应该恰当地称之为现代企业。19世纪40年代美国还没有这种现代企业。到第一次世界大战之时，现代企业已经是美国经济体系很多行业里占据支配地位的商业组织机构。到20世纪中叶，这些现代企业已经雇用了成百上千乃至数千个中层和高级管理者，他们负责监督管理数十个乃至数百个经营单位。这些企业的雇员人数往往多达数万或数十万人，企业的股东多达数十万乃至数百万，企业年收入高达数百亿美元。即使是在某个地区或区域性市场经营的中小型企业，也有中层和高层管理者。纵观世界历史，现代企业在如此短暂的时间里成长得如此巨大，扩张得如此普遍，真正是绝无仅有的。

描述和分析现代企业的迅猛崛起，深入分析现代企业崛起的重大历史意义和现实意义，对于任何试图理解美国经济发展的历史学家来说，都是令人激动的巨大挑战……这项挑战之所以特别具有吸引力，是因为还没有人真正迎接过这场挑战。尽管现代企业的迅猛崛起具有全方位的重要性，然而，还没有人系统阐述过它们的历史。令人震惊的是，学者们对现代大企业的迅猛崛起几乎视而不见。20世纪30年代之前，经济学者们只是极不情愿地承认现代企业确实存在，从那时起一直到现在，经济学者们总是以极端怀疑的眼光来审视现代大规模企业组织。绝大多数经济学基础理论依然基于一个基本假设，那就是经济体系的生产和分配过程由传统小企业主导，它们受市场看不见的手引导和监管，或者说，经济学者认为经济体系的生产和分配应该如此。根据这套经济理论，唯有传统小企业之间的竞争才是完全市场竞争，唯有完全市场竞争才是协调经济活动和配置经济资源最有效的方法。经济学者进一步认为，因为现代大企业具有内部管理协调的职能，所以由多职能部门构成的现代大企业必然导致不完全或不完美竞争和资源的错配。正是由于绝大多数经济学者长期以来一直不仅将现代大企业看作是异类，而且是一种罪恶，所以几乎没有任何经济学者去研究现代大企业的起源。对于经济学者而言，现代大企业的崛起就是追求垄断，这就够了，这就是解释。[1]

坦率地说，钱德勒40多年前的尖锐批评也没有撼动新古典经济学的理论基础，今天经济学主流教科书依然将完全市场竞争作为最有效率和最优

[1] Alfred D. Chandler, Jr. *The Visible Hand, The Managerial Revolution in American Business*, The Belknap Press of Harvard University Press, 1977, p.4–5.

福利水平的基准，以此来批评垄断、寡占或不完全竞争。

譬如，大名鼎鼎的哈佛大学教授曼昆风靡世界的教科书《经济学原理》，就有专门的章节讨论不完全竞争或垄断竞争的社会福利损失，也是以没有任何福利损失的完全竞争为基准。

这应该是人类经济思想史上最奇怪，也是最荒诞的一页，即以一种假想的、真实世界完全不存在的经济状态作为理想，据此来比较和谴责真实经济世界的真实现象。实际上，这完全误导了人们对真实经济世界的认识。从这个意义上说，新古典经济学这门学科应该被彻底抛弃。

新制度经济学奠基人科斯穷毕生之力呼吁和批判经济学者不要将企业简单地看作一个生产函数，不要沉醉于所谓完全竞争均衡而不去深入探讨企业的内部结构和产业的内在结构。

前面已经引述了科斯对弗里德曼《实证经济学方法论》深刻有力的批评。科斯著名文集《企业、市场与法律》的序言里，对新古典经济学的研究方法和基本哲理提出尖锐批评，此处也值得引述。

科斯首先批评新古典经济学的基本方法："经济学者长期执迷于所谓的选择逻辑，或许最终能够帮助复兴法学、政治学和社会学的研究，然而，在我看来，如此执迷选择逻辑的先入之见已经对经济学自身产生了非常严重的反面效果。这个逻辑的基本特点就是经济理论与其真正的研究对象完全脱节，经济学者号称要致力于研究经济行为主体的决策，然而行为主体本身却并不是经济学者的研究对象，真正的行为主体从经济学理论里完全消失，失去意义。消费者不再是活生生的人，而是一组内在协调一致的偏好组合。正如马丁·斯莱特所说，经济学者眼里的企业被完全定义为一条成本曲线和一条需求曲线，所谓企业理论简单地说，就只是最优定价策略和最优资源配置的逻辑推演。经济学者讨论市场交换，却从不涉及交换赖以发生的任何制度安排。简而言之，现代经济学就是这样一门学问：没有人性的消费者，没有组织的企业，没有市场的交换。"①

紧接着，科斯对新古典经济学的终极理论基础提出深刻而尖锐的批评："经济学理论假设经济行为主体是一个理性的效用最大化者，这种假设与克拉珀姆（伦敦的一个社区）乘坐巴士的活生生的人，或者说与世界上任何乘坐巴士的活生生的男人和女人毫无相似之处。我们没有任何理由假设世界上绝大多数人成天或每时每刻都在努力最大化任何事情，除非是在努力最大化那些不开心的事儿，即使是努力最大化不开心的事儿，也不能取得完全的成功。"②

科斯接着引述弗兰克·奈特的著名论文《竞争的伦理学》里的有趣段落："奈特曾经非常美妙地表达了这个基本思想：经济学者假设人们工作和思考就是为了摆脱麻烦③，这种假设至少有一半是颠倒黑白。我们为之努力工作的那些事儿，给我们带来烦恼的频率绝不会小于给我们带来满足的频率。我们费尽心机、玩儿命工作，结果往往却是自找麻烦，这与我们费尽心机、玩儿命工作，希望摆脱麻烦一样，两种情况下，人们往往都是乐此不疲、全心投入……一个本来无忧无虑的人却会立刻让自己忙碌起来，试图去创造点什么，或者沉迷于某种令人着迷的游戏，或者坠入爱河，或者准备去征服敌人，或者打算去捕猎狮子，或者准备去征服北极，或者去做其他任何可以想象到的怪事儿。"④

简言之，科斯完全不同意新古典经济学的理论假设和逻辑方法，不赞

---

① R. H. Coase, *The Firm, the Market, and the Law*, The University of Chicago Press, 1988, p.vi–viii.

② R. H. Coase, *The Firm, the Market, and the Law*, The University of Chicago Press, 1988, p.vi–viii.

③ 也就是追求所谓效用最大化或最大幸福。

④ R. H. Coase, *The Firm, the Market, and the Law*, The University of Chicago Press, 1988, p.vi–viii.

同弗里德曼标榜的实证经济学方法。理由很简单、很质朴，那就是新古典经济学的那一套学问完全与真实世界无关。

张五常在《经济解释》一书中以专章（卷三第三章《垄断的诅咒与成因》）对完全竞争均衡框架下所推导出来的垄断"死三角损失"的分析给以系统批判。

张五常首先简洁地回顾了新古典经济学老生常谈的垄断分析："分析是这样的。面对垄断者的市场需求曲线向右下倾斜，这曲线代表平均收入，边际收入在这曲线之下。垄断者为了争取租值或财富极大化，他的产出均衡点是边际成本等于边际收入。但他定的价等于平均收入，所以价是在边际成本之上。另一方面，价也代表着消费者的边际用值。于是，边际用值高于边际成本，增加产量会使社会得益，但垄断者为了争取私利极大化不会那样做，其产量因为低于完善的市场竞争，后者的边际成本等于平均收入等于边际用值等于价。

"经济学者于是推出后来萨缪尔森称为'死三角'（deadweight loss）的浪费。价（即边际用值）高于边际成本，增加产量对社会有利。这增产会使价或边际用值下降，边际成本上升，到价等于边际成本时，这'死三角'会消失，也即是跟那完善的市场竞争相同。社会的最大利益是边际用值等于边际成本，但垄断者的产出均衡点是边际用值高于边际成本，是以为祸也。"[1]

张五常嘲弄上述分析："起自英国的传统，获得美国的支持，而今天的学子从本科一年级开始背，究竟老师有没有想清楚只有天晓得。"[2]

在分析邓丽君现象（邓丽君这样以个人天才形成垄断的现象比比皆是）

---

[1] 张五常. 经济解释（二〇一四合订本）：受价与觅价 [M]. 北京：中信出版社，2014：511–512.

[2] 张五常. 经济解释（二〇一四合订本）：受价与觅价 [M]. 北京：中信出版社，2014：511.

之后，张五常对经济学者的垄断分析"破口大骂"："让我再说一次。没有政府或利益团体维护的垄断，或在自由竞争下获得的垄断权利，或像邓丽君那样，才华由上苍赐予，加上勤修苦练而获得的垄断，对社会只有利，没有害……不要相信经济学者的胡说八道。"①

张五常的分析已经接近完全否定新古典经济学的那一整套学问了。

> 这里有一个重要提点。西方经济学传统高举的完善竞争市场，那销售或生产者面对的需求曲线是平的，因而受价，没有死三角。然而，逻辑与事实皆说，这样的市场只能限于期货市场那类产品：米是米，麦是麦，金是金，银是银。是的，经济学者高举的完善竞争市场的产品不可能有创意，不可能标奇立异，社会因而不可能有进步。

> 换言之，一个历来只有完善竞争的经济社会，会停顿在中国四千多年前炎帝神农氏尝百草的水平。我的价值观可以接受，因为陶渊明笔下的桃花源也略同。离开了桃花源，人类的进步或知识的增长要基于创新，即是说要基于垄断的争取及尝试。那所谓觅价，讲深一层是说找寻新意。②

> 他还说："争取垄断希望增加收入是社会每个成员都会做的事……这是社会进步的一个主要根源。"③

以上引文已经很清楚地表明，张五常几乎完全否定了新古典经济学的全套分析逻辑，因为所谓垄断的分析正是以那个完全竞争均衡为最优标准

---

① 张五常. 经济解释（二〇一四合订本）：受价与觅价 [M]. 北京：中信出版社，2014：518.

② 张五常. 经济解释（二〇一四合订本）：受价与觅价 [M]. 北京：中信出版社，2014：519.

③ 张五常. 经济解释（二〇一四合订本）：受价与觅价 [M]. 北京：中信出版社，2014：519.

而展开的。

张五常毕竟是新古典经济学传统孕育出来的大师，他对新古典经济学还保存了一点儿颜面，没有全盘抛弃。依照本卷提出的创造性研究范式，新古典经济学的整套分析逻辑与真实的人类经济行为和经济现象毫无关系，应该根本抛弃，不需要保留什么。

然而，这些大师级人物正确而深刻的批评，却没有撼动新古典经济学大厦的基础。新古典经济学依然以完全竞争均衡和帕累托最优为思考的起点和基准。在新古典经济学的思维笼罩下，几乎所有经济学的理论问题和政策问题皆或隐或显地以完全竞争均衡为基准来展开讨论。

新古典经济学者最热衷以一般均衡状态或帕累托最优状态为基准，讨论人类经济制度的演化或改进方向。

帕累托最优的严格数学证明就是著名的阿罗—德布鲁一般均衡模型。阿罗—德布鲁经济体系是一个完全静态的经济体系，它基于许多与现实无关的假设，譬如市场完备、信息完全、经济体系的资源给定、消费者偏好给定、经济体系的技术水平给定等。基于这些假设，阿罗—德布鲁模型证明了一般均衡或完全竞争均衡的存在性和稳定性。

阿罗—德布鲁一般均衡模型和帕累托最优也是福利经济学的中流砥柱。假若这套基于严格（空想）假设基础上的理论不成立或不被认同，整个福利经济学和整个新古典经济学的基础就将轰然倒下。很多经济学者为阿罗—德布鲁一般均衡和帕累托最优的理论严谨和优美而倾倒。他们认为，一般均衡和帕累托最优作为一个经济体系能够达到的理想基准，尽管现实不可能达到，却能够作为我们分析经济体系和经济制度演化变化的一个参照标准。

那么，经济学者如何将一般均衡和帕累托最优作为参照，来分析现实经济体系和经济制度呢？

新古典经济学者认为，凡是偏离帕累托最优和阿罗—德布鲁一般均衡模型的经济体系和经济制度，皆是"非最优"或"次优"的经济体系和经济制度，应该通过制度和体制的改革或改进，促使经济体系和经济制度迈向帕累托最优。因此，凡是看起来不断接近满足阿罗—德布鲁一般均衡模型的各项严格假设的经济制度和经济体系变化，都被认为是经济体系朝向帕累托最优和阿罗—德布鲁一般均衡状态的迈进或改进，都被认为是朝向经济体系最优的演化或改进，因此都是可取的或值得赞赏的。

譬如，让经济体系和经济制度偏离帕累托最优和阿罗—德布鲁一般均衡状态的主要因素包括风险、不确定性或信息不完全（信息不对称）。风险和不确定性也可看作是信息不完备。

据此，很多经济学者相信，如果能够降低风险和不确定性，尤其是降低信息不完全和信息不对称，那么经济体系就会不断向最优状态改进。信息科技革命兴起之后，特别是大数据、云计算、超级计算、人工智能风起云涌，人类能够获得的关于经济体系和经济制度的信息日益丰富和完备，以至有些经济学者和非经济学者相信，信息科技的飞速发展将推动人类经济体系迈向最优状态，甚至有人认为借助无限丰富的信息，集中计划经济将重新成为可能。

这其实是对人类经济体系和经济制度本质的根本误解。因为帕累托最优或阿罗—德布鲁一般均衡状态完全是从毫无真实性的假设推导出来的，是一种纯粹虚构的数学游戏。满足这些假设的经济体系和经济制度根本就不可能存在，怎么可能是人类经济体系和经济制度的最优状态呢？经济学者的这种思维和"乌托邦"空想家或宗教空想家的思维如出一辙。

设想一个根本不可能实现的理想天国，然后将现实人类社会与之对照，以寻求改进社会的途径，虽然不无启发意义，但其实是一种完全虚妄的理智游戏。

本卷的中心任务不仅是要阐明新古典经济学的基础理论假设（理性经济人或效用最大化）并非人性的本质，而且要阐明，无论是解释人类经济体系和经济制度的历史演化，还是预言或预测人类经济体系和经济制度的未来，抑或是阐明人类经济体系和经济制度的理想状态，都必须从人性或人心最真实的本质和特征出发。由于理论假设前提的完全不真实，帕累托最优或阿罗—德布鲁一般均衡状态与我们探索人类经济体系和经济制度毫无关系，因为这一套理论是应该抛弃的。

　　行笔至此，我不禁感慨万千，新古典经济学的一般均衡模型起自法国经济学者瓦尔拉斯，他被熊彼特誉为有史以来最伟大的经济学家。然而，瓦尔拉斯一般均衡理念与熊彼特独创的创造性毁灭理念格格不入，熊彼特怎么会认为瓦尔拉斯是最伟大的经济学家呢？难道真如伦敦政治经济学院的大师莱昂内尔·罗宾斯所说，熊彼特是刻意抬高欧洲大陆的瓦尔拉斯以贬低英国的杰文斯和马歇尔吗？

第十一章

超越实证经济学方法论

2008 年 11 月 4 日，在金融危机最严峻的时刻，英国女王伊丽莎白二世访问了伦敦政治经济学院，参加一座建筑的启用仪式。在这所世界一流的经济学学术中心，女王向在座的众多知名人士提出了一个简单的问题：为什么没有人察觉到危机呢？

——马丁·沃尔夫，《转型与冲击》

解释和推测是衡量科学真理的唯一标准吗？

20世纪以来，库恩、卡尔纳普、波普尔、内格尔等人的工作加深了人们对科学哲学和方法论逻辑的认识，几乎所有科学家一致认同科学的主要目的或唯一目的是解释现象，舍此别无其他。即使科学有其他目的，也是衍生的或非本质的目的。解释现象是科学家的天职和本分。

受此影响，经济学者同样一致认为经济学的主要目的或唯一目的是解释经济现象。张五常教授在其《经济解释》中认为："推测与解释是同一回事，但有事前和事后之分。推测是先见到局限的变动而推断什么现象会跟着出现；解释是见到现象的出现，而追溯是什么局限变动促成的。逻辑的结构一样，所以推测与解释相同。"[①]

张五常始终坚持经济学的唯一目的是解释经济现象，解释就是鉴别（或识别，或厘清）现象背后的局限条件，局限条件的转变不仅是解释现象的关键，也是推断或推测现象的关键。他说："在经济学上，局限条件（验证条件）的真实调查与简化，是忠于经济解释的最艰难的过程。"[②]

我曾经细读张五常的全部著作，也出版过《张五常经济学》一书。张五常教授所提出的"经济解释"为经济学研究奠定了一个基本的方法论规范，独树一帜，别开生面，令人耳目一新，启发良多。他毕生致力于解释丰富多样的经济现象，提出众多有趣的理论假说，趣味盎然，灵感四射。

然而，我对张五常教授的经济解释逻辑反复斟酌，长期思考，总觉得尚有未尽之意。究竟如何定义"解释"？如何定义"经济解释"？经济解释与科学于解释可以完全等量齐观吗？（张五常教授认为可以等量齐观。）

---

① 张五常.经济解释（二〇一四合订本）：科学说需求 [M]. 北京：中信出版社，2014：79.
② 张五常.经济解释（二〇一四合订本）：科学说需求 [M]. 北京：中信出版社，2014：76.

更深入的疑问则是：我们如何能够肯定我们所提出的解释是正确的解释，肯定我们所"调查与简化"的局限条件是促成现象发生的真正的局限条件？假若能够肯定，为什么经济学者对许多最重要经济现象的解释又是那样大相径庭甚至水火不容？大家对局限条件的认知和调查会有那样的意见分歧吗？

要深入系统回答这些令人困惑的问题，实属不易。我们先看看物理学家如何看待科学解释。著名物理学家斯蒂芬·温伯格的名著《终极理论之梦》，第一章开篇就写道："科学家已经发现了许多奇异无比的事物，以及许多美丽非凡的现象。然而，科学家所发现的最美丽和最奇特的现象乃是科学本身的独特模式。我们的科学发现并非彼此毫无关系的孤立事实。任何一个普适的科学原理总是可以由其他理论来解释，后者又由另外的理论来解释。我们不停地向后追溯解释的箭头，我们已经发现了科学解释令人震惊的趋同模式：所有解释箭头都指向同一个方向！或许这是迄今为止关于整个宇宙我们所学习到的最深刻的东西。"①

温伯格以粉笔为例子，阐释了他的"解释箭头始终向下"之说。直到19世纪后期，人类才真正能够解释颜色的秘密。那是因为任何物质都只能够吸收某些波长的光谱，或者反射某些波长的光谱。如果被反射回来的光线的光谱处于人眼可视光谱范围之内，我们就能够看到这种物质的颜色，肉眼所见光的颜色乃是由光线的波长所决定。人的肉眼无法看到超过可视光谱以外的光线，譬如我们无法看见红外光和紫外线。光的吸收和反射理论很好地解释了物质的颜色，这是一个非常成功的理论。

科学家并不满足于此，他们必然会问：为什么任何物质只能够吸收某

① Steven Weinberg, *Dreams of A Final Theory: The Scientist's Search for the Ultimate Laws of Nature*, Vintage Books, 1994, p.19.

些波长的光线呢？直到 20 世纪初期，两位伟大的科学大师爱因斯坦和尼尔斯·玻尔分别提出革命性的光量子学说和原子结构学说，物质吸收和反射光线的机理才开始得到完整地解释。爱因斯坦 1905 年发表石破天惊的光量子论文。他假设光线由一个个具有特定能量和波长的粒子或光量子组成，光量子的波长与能量成反比，并由著名的普朗克常数来给定。光量子假说是一个天才的理论，被后来的物理实验完全证实，成为量子力学革命的先导。尽管爱因斯坦毕生对量子力学持深刻的怀疑态度，但他却是量子力学革命的先驱之一。8 年后的尼尔斯·玻尔提出了原子结构假说。玻尔假设的原子结构有点儿类似太阳系，基本粒子（电子和中子）围绕原子核运动。玻尔学说最重要的含义之一是，原子或分子只能以某种特定的能量状态存在，不同状态之间的能量差距是一个确定的量，原子或分子只有或必须吸收这个特定数量的能量，才能跃迁（跳上或跳下）到另一个能量状态。原子或分子不能吸收其他数量的能量。易言之，物质吸收能量有一个惊人的"门当户对"规则。量子力学理论对很多自然物理现象提供了令人惊叹的准确解释。

物理学理论或自然科学理论就是这样一层一层地追问下去，试图对整个宇宙的自然现象做出最终的解释，也就是温伯格所梦想的"终极理论"。

对于物理学或自然科学理论的方法论，史蒂芬·霍金的《时间简史》里有一段话说得最清楚："所谓理论就是关于宇宙的一个模型，或者宇宙某个部分的模型，以及将模型里的各种数量或参数与我们观察到的现象连接起来的一系列规则。理论只存在于我们的头脑里，除此之外，理论没有任何其他的实在性或真实性，不管这种实在性或真实性是什么意思。如果一个理论满足两个要求，那就是一个好的理论：其一，理论模型的人为假设要尽可能少，却又能够精确描述大量可观察到的现象；其二，理论必须对未来将要观察到的结果或现象做出明确或精准的预测。"①

现代实证经济学方法论本质上与物理学或自然科学的方法论相同。实证经济学方法论以弗里德曼、张五常的阐释最为明确。二师的实证经济学方法论有一个最基本也是最重要的要求，那就是任何经济学理论都必须能够接受可观察事实的检验或验证。张五常认为，任何经济学理论都必须能够推导出"可以被验证的含义"。实证经济学方法论有一个基本的结论或判断，那就是人们之所以接受某个理论，乃是因为该理论的结论、推论或"可以被验证的含义"得到了可观察事实的验证。如果一个理论没有得到验证，或没有经受住验证（被证伪），那么该理论就不会被接受或不应该被接受。

科斯首先对这个论断提出质疑。科斯的论文《经济学家如何选择》十分精彩，他以 20 世纪经济学三大重要理论被学界接受的历史过程为例，证明弗里德曼—张五常式的实证科学方法论并不符合思想史的实际历史。科斯引以为例的三大理论分别是凯恩斯《通论》所开创的宏观经济理论，哈耶克 20 世纪 30 年代提出的货币理论和经济周期理论，以及琼·罗宾逊的不完全竞争理论和张伯伦的垄断竞争理论。科斯以亲身经历证明，这三大理论刚刚提出就得到学界的普遍接受和欢迎，学界似乎根本就不关心这些理论是否经受住了可观察事实的验证。②

不仅经济学如此，物理学也是如此。通常我们认为物理学是一切自然科学的皇冠明珠，是所有科学里"最硬"的科学，也是最早开启实证科学方法论的科学领域。现代实验科学的伟大先驱弗朗西斯·培根坚信，任何

---

①   Stephen Hawking, *A Brief History of Time*, Bantam Books, 1996, p.15.

②   R. H. Coase, *Essays on Economics and Economists*, The University of Chicago Press, 1994, p.21–26.

科学知识只能通过对自然现象坚持不懈和毫无偏见地观测来获得。休谟、康德和马赫坚持认为，任何不能被观测的东西都不具有实在性，从而就不应该是科学研究的对象。约翰·穆勒认为，唯有观测才是验证任何理论的唯一办法。30岁之前的爱因斯坦对休谟、康德和马赫的科学哲学（严格意义的实证主义或实在论）深信不疑；30岁之后的爱因斯坦却开始怀疑这三位哲学家的科学哲学，认为真正的科学理论必须从最基本的原理出发推导出来，而不是根据经验事实归纳出来。爱因斯坦说："创造性的原则寓于数学之中，因此在一定意义上，我认为正如古人所梦想的那样，纯粹的思想能够把握实在，这是真的。"[1]

  然而，同科斯所描述的经济思想史故事一样，物理学界接受某个物理学理论，并不是因为该理论已经得到事实或实验的完全验证或证实。诺贝尔物理学奖得主斯蒂芬·温伯格的著作《终极理论之梦》就曾经专门讨论过这个问题。他详细讨论了20世纪物理学几大重要理论的发现和接受过程。譬如，爱因斯坦的广义相对论和量子电动力学发现之后，物理学界很快就接受了，然而以可观察现象来检验两大理论却是后来的事情。根据温伯格的阐述，爱因斯坦伟大的广义相对论几乎从问世那一刻起就征服了物理学界，虽然完全理解这个精妙绝伦伟大理论的人并不多，但无人怀疑这个理论的正确性。

真理的终极标准：美与真

  1974年，大物理学家、现代量子电动力学奠基人之一保罗·狄拉克到

---

[1] 许良英，等.爱因斯坦文集：增补本.第一卷[M].北京：商务印书馆，2009.

哈佛大学演讲，回顾其创立量子电动力学的历史过程。演讲最后，狄拉克建议那些洗耳恭听的研究生，他们只需关注物理学方程式之美，无须关注方程式的实际意义。

并非所有科学家都同意狄拉克这一有点儿极端的忠告，然而，对美的追求却是物理学和整个科学的一个主旋律。这个主旋律不仅贯穿狄拉克毕生的科学工作，而且贯穿伽利略、牛顿、麦克斯韦、爱因斯坦、杨振宁、温伯格、霍金等所有物理学大师毕生的科学工作。麦克斯韦电磁学方程式的美妙绝伦，即使不懂物理学的门外汉也可以凭直觉感受到。爱因斯坦相对论，尤其是广义相对论的美轮美奂，早已是人类科学史上的神话或传奇，并且是广义相对论完成之初即被科学界广泛接受的主要原因。当爱因斯坦完成广义相对论的那一刻（由 14 个深奥无比的数学方程构成），他就深信自己的理论是正确的理论，理由只有一个，那就是理论本身深刻的美。那时还没有任何实验结果来验证理论的结论或预测，仅凭理论本身深刻的美就确信理论是一个正确的理论，这的确是异乎寻常的科学故事，却也是最符合常理的科学故事，因为美就是真，真就是美。

杨振宁曾经专门写文章论述物理学之美，文章题目就是《美与物理学》。杨振宁还论述过一个科学家的品位和美感与他的科学贡献具有内在联系。温伯格《终极理论之梦》一书中有大量篇幅讨论物理学之美，尤其是物理学家的审美品位如何影响其研究历程和科学发现。

同样，经济学大师也经常谈到经济学理论之美，美妙的经济学理论也数之不尽。

首先，经济学许多石破天惊的理念就具有惊人的美感。斯密的"看不见的手"、李嘉图的"比较优势定理"、熊彼特的"创造性毁灭"、奈特的"风险和不确定性之划分"、费雪的"利息理论"、赫克歇尔—奥林—萨缪尔森的"要素价格均等化理论"、科斯有关产权和社会成本的"科斯定律"、弗里德曼的"永久收入假说"、蒙代尔的"最优货币区理论"和"不可能三角悖论"、约翰·纳什的"囚徒困境"、张五常的"租值消散定理"……当我们真正掌握这些伟大理念的那一刻,往往仿佛有触电的感觉,又仿佛夜空中的霹雳闪电,一下子照亮了整个夜空,让我们对人类经济体系的认识上升到一个新的高度,开启了一扇新的窗户,开辟了一个完全崭新的视野,体会到学术思想别样的美和力量。当我们尝试运用这些理念来思考经济世界,时日越久,我们就越能感受到这些理念惊人的解释力和启发力。任何对科学和学术有兴趣的人对这种理论或理念内在深刻的美感,都能够感同身受。

芝加哥学派大师施蒂格勒对经济学之美有独特的论述。他论述经济思想史的名篇《效用理论史》,谈及斯勒茨基(E. Slutsky)的价格弹性理论,用如下语言予以赞美:"其美与力,无与伦比!"他的自传《施蒂格勒自传:一个自由主义经济学家的自白》以整整一章的篇幅来追忆科斯定律的起源,语言美妙,情感丰沛。科斯定律或许是所有经济学理论里最具启发性而又最简单的一个定律。仅此一点,我们就可以称科斯定律是所有经济学理论中最美的理论。

那么科学之美与我们通常所说的自然之美和艺术之美(建筑、音乐、绘画等)究竟有什么不同呢?这个问题很难回答。美是一种感受,一种直觉,无法定义。我们赞美一个女子,说她很美,却无法去定义和量度她的美丽(所谓三围尺寸与美并没有直接的比例关系)。自然之美和艺术之美可以意会,可以言说,却无法量度和定义。科学之美同样无法定义和量度,却又与自然之美和艺术之美有本质的不同。

依照杨振宁和温伯格对物理学之美的描述,物理学之美至少具有如下特质或特征。一是理论简单。一个高度简单的理论却能够解释或概括无限多样的现象，那么这个理论就具有一种动人心魄的感染力和启发力。温伯格以爱因斯坦的广义相对论为例。广义相对论的 14 个方程式深奥难懂，然而广义相对论的基本理念却惊人的简单，那就是引力和惯性完全等价！就这么简单的一个等价原理根本上改变了我们对整个宇宙的认识。科斯定律具有同样的魔力。科斯在《联邦通讯委员会》一文里的一句话足以名垂青史："产权的明确界定是市场交易的前提条件。"仅此一句话，就改变了我们对经济世界的看法。蒙代尔"最优货币区"理念也简单至极，却从根本上改变了我们对汇率和国际货币体系的看法。弗里德曼"永久收入假说"则从根本上改变了我们对人类消费行为的认识。一个伟大的理论，无论其数学形式如何复杂，其基本理念必定是高度简单。物理学如此，经济学也如此。

科学之美的第二个特征是逻辑的完备性和必然性。经济学里最重要的理论是价格理论，它具有一种惊人的美感。价格理论之美，首先就是它所具备的逻辑的完备性和必然性。它根据人类行为或人性的三个基本定律或假设（效用最大化规律、边际效用递减规律和替代定律）就能够推导出需求定律。需求定律是整个价格理论的基石。易言之，所谓价格理论就是需求定律。张五常将整个价格理论总结为需求定律，即一条向右下方倾斜的需求曲线，真正体现了马歇尔所说的"统一的多样性和多样性的统一"。

与物理学家一样，顶级经济学者都同意，复杂无比的现象只能或必须用简单的理论来解释。温伯格以此来描写物理学家对简单理论的追求。大数学家陈省身曾经多次说过，数学之美首先在于其高度的简单。张五常经常说，复杂的真实世界的经济现象只能用简单理论来解释，用复杂理论成功解释复杂现象的概率几乎为零。爱因斯坦广义相对论（爱因斯坦的引力理论）尽管数学上看起来要比牛顿引力理论（万有引力定律）复杂得多，然而，其基本的理论概念却比牛顿万有引力定律要简单得多，而且具有无可争议的逻辑必然性。整个广义相对论基于一个最简单的理念，那就是引力和惯性的等价原理。爱因斯坦的狭义相对论也是基于一个最简单的原理，即同时性的相对性原理或光速不变原理。

从一个最简单的原理或假设出发，能够推导出极具解释力的科学定律，这是最令人吃惊的科学奇迹和科学之美！经济学里的价格理论具有这样的魅力，它从一个简单的人性假设推导出具有强大解释力的需求定律。需求定律确实可以解释日常经济生活尤其是个人经济行为的许多现象，这是经济学者数百年研究所得到的最重要结论。斯密的《国富论》、马歇尔的《经济学原理》、奈特的《风险、不确定性与利润》、凯恩斯的《通论》、费雪的《利息理论》、弗里德曼的《消费函数理论》、张五常的《经济解释》，以及最近大行其道的行为经济学和行为金融学著作，譬如《魔鬼经济学》《隐性动机》等，都是基于对人性的深刻把握，或者说都是基于对价格理论或需求定律的深刻把握和巧妙运用。

易言之，我们若要改变和创新经济学，最佳出发点就是重新或者从一个新的角度来剖析和认知人性的本质。流动性、风险、不确定性、利率的本质在人性；消费和投资行为的本质在人性；预期、愿景、意志和决心是人性；所谓"动物精神"、非理性情绪、牛群跟风行为是人性；金融危机的本质和规律必须从人性的本质和规律中去寻找；货币和流动性的本质和规律必须从人性的本质和规律中去寻找；经济增长的本质和规律也必须从人性的本质和规律中去寻找。奥地利学派经济学大师米塞斯著有《人的行为》一书，该书试图从一般人类行为学的角度来重构经济学，本质上就是希望从人性本质和规律中推导出人类经济体系和经济活动的内在规律。

本卷试图将经济体系视为一个有机体系、一个动态体系、一个突变体系、一个生命体系、一个价值体系和伦理道德体系，正是基于对人性本质认识的回归。经济学原本出自伦理学或道德学，经济学原本就是哲学家研究人性本质的一个副产品。斯密和其他苏格兰启蒙运动的各位大师，追求的最基本目标就是探寻人性的本质和规律。他们深受牛顿力学的影响，既然上帝赋予自然界如此美妙和一致的规律，那么上帝一定赋予人性同样美妙和一致的规律；既然自然界具有某种天赋的秩序，人类社会一定同样具有某种天赋的秩序；既然牛顿能够找到自然界天赋秩序的内在秘密——力，经济学者和哲学家同样应该能够找到人类社会天赋秩序的内在秘密。斯密《国富论》的主要科学贡献并非倡议自由贸易，而是找到了基于人性自私的"看不见的手"。他认为自己发现了人类经济秩序的内在秘密，那就是"看不见的手"。

数百年来，经济学者长期偏重于深入和系统研究斯密"看不见的手"的正面效果，却没有深入系统研究"看不见的手"的负面效果，甚至长期忽视这一负面效果。直到奈特、科斯、德姆塞茨、阿尔钦、张五常、威廉姆森等大师发起产权和交易费用经济学的新范式和新方向，人们才开始逐渐深入理解私有产权缺失（或消灭私有产权，或产权模糊）、租值消散、市场失败、外部性、社会成本等重大经济现象的内在机理，从而开始认识到，人性自私或私有产权、竞争或"看不见的手"不仅可能不会达成斯密、边沁、穆勒等古典经济学家期望的"最大多数人的最大利益"，而且会造成严重的市场失灵或失败，甚至会导致社会灾难乃至人类灭亡。张五常教授正确而深刻地提出了一个最基本的问题：基于私有产权和自由竞争，为什么人类会选择自我毁灭的经济制度？这是一个真正重要的经济学和政治学问题，也是一个真正重要的人性本质问题。当我们深入讨论"经济学是一个道德体系或伦理体系"时，我们会再次回到这个基本而重要的问题上。

私有产权、自由竞争的"看不见的手"为什么会导致市场失灵或失败，甚至导致人类的自我毁灭？此问题恰如明斯基所提出的另外一个问题。明斯基在1982年的著作里写道："大萧条还会再次发生吗？为什么在第二次世界大战之后的这些年里一直没有再出现呢？在回顾历史和过去35年相对比较成功的经验时，我们会自然而然地联想到这些问题。为了回答这些问题，有必要创造一种新的经济学理论，在该理论中，我们的资本主义经济可能自发地进入大萧条状态。"[1]所谓自发地进入大萧条状态，也就是说，我们必须创造一种新的经济理论，能够说明私有产权、自由竞争不仅不能够（或者只是有时能够）带来均衡，而且往往偏离均衡，造成巨大的经济和金融动荡。这种理论也如均衡静态的经济理论一样，同样必须基于对人性的深刻把握。经济学者起码已经找到许多重要而具有启发性的线索，譬如行为经济学和行为金融学的许多重要发现，已经揭示出经济和金融危机的重要机理。

为什么复杂的现象只能或必须用简单的原理来解释呢？为什么复杂的现象不是用复杂的理论来解释？这又牵涉到科学解释或经济解释的本质了。

经济解释和经济学帝国主义

自从实证经济学方法论成为支配经济学研究的主要或唯一方法论之后，绝大多数经济学家都相信经济学的主要或唯一任务是解释，或者按照张五常教授的经典名著所展示的那样，经济学的主要或唯一任务是"经济解释"。

---

[1]　Hyman P. Minsky, *Can "It" Happen Again?*：*Essays on Instability and Finance*, M. E.Sharpe, Inc. 1982, p.vi–xvii.

毫无疑问，经济解释或实证经济学取得了令人惊叹的巨大成就。我们对人类经济行为和经济世界的认识比以往任何时候都要深刻、系统和全面，人类对制定和实施经济政策比以往任何时候都更加自信和从容，因为我们有许多重要的经济学真理都是经济政策的指南。20世纪后半叶，随着经济解释或实证经济学取得了巨大成就，经济学赢得与"硬科学"同等的地位和荣誉——诺贝尔经济学奖。经济学被誉为所有社会科学的皇冠明珠，经济学帝国主义应运而生。经济解释或实证经济学具有巨大的发展潜力和想象空间。

然而，经济解释或实证经济学往往坠入一种新的庸俗经济学形态，它有两种主要表现形式：

其一，将构造精巧的数学模型或数理模型看作是经济学的主要任务或主要成就。这是以萨缪尔森和阿罗为代表的美国顶级经济学者给后世经济学的主要影响。直至今天，数学模型依然牢牢统治着全球顶级经济学杂志和顶级大学的经济学专业。数学模型的优美、精确或可计算、内在逻辑一致或自洽，是所有科学家梦寐以求的理想。很多经济学家内心深处可能都希望发现类似爱因斯坦广义相对论或 $E=mc^2$ 那样优美的数学模型，以统一解释人类经济现象。

数学的广泛应用及其取得的巨大成就，正是经济学赢得与"硬科学"同等尊崇地位的主要理由。但是，辉煌成就往往同时创造了巨大困难。今天，没有任何经济学家能够否认，追求数学模型的优美和精确某种程度上已经让经济学走上"邪路"，或者走进了死胡同。许多数学模型推导出来的结论要么与真实世界大相径庭，要么过于琐碎或就事论事，毫无一般性的真理。

许多数学模型的推测或预测与事实完全不符，相关的政策含义要么毫无用处，要么离题千里。2008 年全球金融危机之后，越来越多的经济学者开始思考精巧数学模型背后的哲学或人性基础，开始反思数学模型的局限性。

其二，经济解释或实证经济学往往只能解释或局限于解释那些琐碎或常识般的现象。即使不用任何经济学理论或工具，这些琐碎的现象或常识也能够得到很好或具有说服力的解释。普通大众或企业家对许多现象的认知或解释比经济学家要深刻得多。

正如芝加哥学派宗师弗兰克·奈特 70 多年前所说，经济学者知道的，普通人也知道；普通人不知道的，经济学者也不知道。日常的、普通的现象并非不重要，重要的科学真理必须从日常和普通的现象出发，或者，人类许多重大的现象发生的根源往往就是那些普通的事实。但是，当代经济学很容易停留于解释那些琐碎的就事论事的现象，成为一种"庸俗的"学问。

经济解释的主要挑战是解释那些最重大的经济现象或经济事实，我称之为大历史事实或大历史现象。通过对大历史现象或大历史事实的解释，以发现大历史规律。譬如，为什么人类 18 世纪之前几乎从来没有过经济增长？为什么会发生工业革命？第一次工业革命为什么会在英国爆发？硅谷为什么会成为硅谷？中东小国以色列为什么会成为全球主要的科技创新中心之一？中国实行改革开放之后，为什么会出现持续数十年的高速经济增长？

实证经济学首先需要解释那些极具差异性的现象。譬如，为什么美国硅谷会成为全球首屈一指的科技创新和创业圣地，其他国家却很难或没有形成类似的创新和创业中心？为什么中东小国以色列成为全球重要的创新和创业中心之一？为什么经济增长至今依然是少数国家发生的现象，世界大多数国家却没有迈上持续经济增长之路？

解释和预测的基本困难

2008 年全球金融危机以来，反思金融危机、经济危机和经济学理论的论著可谓层出不穷、汗牛充栋。如此多的论著，有一个共同的基本主题，那就是经济学无法预测经济危机，推而广之，则是对经济学理论整体的解释力和预测力表示出极大的质疑。且看几位著名人物如何说。

美联储前主席格林斯潘 2013 年出版著作《地图和疆域：风险、人性和预测的未来》，书中如此评说经济学的预测能力：

> 2008 年 9 月爆发的全球金融危机，可以说近乎完全出乎我们的预料，没有人预测到危机正在来临。当我们最需要经济预测模型发挥作用的时候，这些模型却彻底失败了，整个经济学界为此悲伤懊恼。直到危机来临之日，美联储那些高深莫测、复杂非凡的经济预测模型甚至连一次经济衰退都没能预测到。国际货币基金组织所发展起来的、具有崇高声望的经济模型同样一败涂地。直到 2007 年春天，基金组织的预测报告还在满怀信心地宣告：全球经济风险自 2006 年 9 月以来一直持续下降。美国经济整体运行良好。世界各国的所有信息都令人鼓舞。J. P. 摩根是美国首屈一指的大银行，竟然在 2008 年 9 月 12 日，也就是危机爆发的前 3 天发布报告，宣称美国国内生产总值将加速增长，一直到 2009 年上半年。

> 久负盛名的英国《经济学家》2006 年 12 月发表文章，说市场资本主义总体运行良好，正是市场资本主义驱动着全世界绝大多数经济体的增长引擎。无论是私人机构还是政府机构，几乎所有的分析报告都饱含《经济学家》所表达的那种乐观情绪。这种情绪是如此浓厚，

人们是如此深信不疑，以至于 2008 年 9 月 14 日，也就是离全球金融危机发起猛烈攻击不到 24 小时的时刻，当美国全国广播公司早间节目访问我的时候，我依然说：避免经济衰退的可能性至少超过 50%。几乎就在金融危机惊涛骇浪已经逼近门口之时，经济学那些习以为常的智慧和理论却连一次典型的经济衰退的可能性都没有预测到，更别提预测到 80 年来最严重的金融危机了。

尤其令人难堪的是，当危机迅速蔓延、美国失业率飙升到 7.8% 时，美国总统经济顾问委员会根据主流经济模型发布预测，说美国失业率将在 2010 年底下降到 7%，2011 年底下降到 6.5%。实际情况怎样呢？2011 年 12 月，美国失业率高达 8.5%。

格林斯潘几乎是愤怒地厉声质问："经济学为什么错得离谱？为什么对如此巨大的金融危机，所有经济学者和政策决策者就像盲人和失聪者一样懵懂无知？"[1]

格林斯潘将矛头直指主流经济学那些脱离现实的基本假设。与诺奖得主阿克洛夫和席勒一样，他试图引入凯恩斯著名的"动物精神"或人的非理性经济行为来解释经济、金融的周期性波动和危机。

英国《金融时报》首席评论家马丁·沃尔夫在《转型与冲击》一书中，对主流经济学特别是主流宏观经济模型的批评比格林斯潘还要尖锐。沃尔夫讲的故事就是之前我们提到的英国女王伊丽莎白二世对经济学提出的质疑，显而易见，英国科学院向女王递交的答案并不令人满意。

沃尔夫认为，英国科学院递交给女王的答案并不是一个满意的答案。

---

[1] Alan Greenspan, *The Map and the Territory: Risk, Human Nature, and the Future of Forecasting*, New York: Penguin Group, 2013, p.3–12.

那么，经济学弄错了什么？沃尔夫认为："即便是最复杂的现代经济学理论也忽略了这些风险，因为这些理论在假设中就去除了这些风险。中央银行使用的主要宏观经济分析工具是"动态随机一般均衡模型"（DSGE），而在其中，金融几乎不出现：模型的基础是经济中对真实商品和服务的供给和需求向均衡的移动，而不是像明斯基认为的那样，金融力量发挥独立的作用。与此同时，现代金融理论主要集中于如何为资产定价，而不去关注资产价格重大转变对整体经济的影响。宏观经济学模型的基本假设是理性预期，金融学理论的基本假设是有效市场……金融学术界建立了一套与宏观经济无关的金融理论，而新古典宏观经济学建立了一套与金融无关的宏观经济学理论。"①

沃尔夫将经济学没有预测金融危机的能力归咎于新古典经济学的内在理论缺陷。一是新古典经济学基础假设的不真实性；二是新古典经济学认为经济体系总是迈向均衡；三是新古典经济学登峰造极的理性预期和有效市场假设完全不符合现实；四是新古典经济学假设金融、货币、信贷能够与真实经济完全分开，这实际上就是新古典经济学的一个最基本假设，即货币中性或货币金融——真实经济的二分法。

尽管沃尔夫对新古典经济学的批判没有错，而且非常尖锐和中肯，然而，新古典经济学缺乏对真实世界的解释力或预测力，从根本上说，还不仅仅是因为新古典经济学的那些假设与现实不符，而是因为新古典经济学对人类经济行为和经济体系内在本质的认识从基础上是错误的。正如本卷希望努力说明的那样，新古典经济学实际上将人类经济体系想象或比喻为一个自动迈向均衡的机械体系，然而，人类经济体系本质上却是一个始终处于

① 马丁·沃尔夫.转型与冲击：马丁·沃尔夫谈未来全球经济[M].冯明，程浩，刘悦，译.北京：中信出版社，2015：193-194.

动态演化过程的生命体系。试图用静态的、自动迈向均衡的机械体系那一套世界观和方法论去理解动态的、演化的生命体系，完全是牛头不对马嘴。

简言之，仅仅修改新古典经济学那一套假设是不够的，我们应该从根本上抛弃新古典经济学的世界观和方法论。

如果我们从人心内在的面向未来的无限创造性角度来考察人类经济体系，我们立刻就会知道，人类经济体系的演化从本质上是不可预测的。我们既不能将预测和解释等量齐观，也不能将预测能力看作经济学理论正确与否的试金石。

从面向未来的无限创造性角度来考察，我们依然可以讨论预测或推测。然而，新经济学所谓预测的含义与新古典经济学所说的预测的含义迥然不同。我们将在《新经济学》第四卷再来讨论这个问题。基本要义如下：

其一，人心或人性变幻莫测，从本质上无法预测。

其二，人心的本质是创造，创造的本质是面向未来的想象，所以创造性本身就无法预测。

其三，经济体系是一个充满突变和拐点的动态非线性体系，而预测往往基于线性体系。新经济学描述经济体系的几个关键词是：创造和创造性毁灭、动态和非均衡、非线性和拐点、非理性和不完全信息、博弈和囚徒困境、超级不确定性、突变和黑天鹅、不可重复和不可预测。新古典经济学描述经济体系的关键词则是：均衡、线性、理性、完全信息、可重复、可预测。

其四，一切人学皆没有物理学那样的预测能力，故不可将人学或经济学与物理学等量齐观。

我们生活的这个时代，以最生动的现实证明了经济学作为一门人学，根本没有实证经济学者所声称的那种与物理学类似的解释力和预测力。

有谁曾经预测到从改革开放到现在，短短 40 多年时间，中国走过了许多国家上百年的工业化和现代化历史进程？有谁曾经预测到，中国在 2010年成为世界第二大经济体？

有谁曾经预测到互联网的迅速兴起会重塑整个世界经济格局和全球产业分工格局？有谁曾经预测到谷歌、亚马逊、阿里巴巴、腾讯、百度、脸书等无数互联网公司在短短十几年的时间里就开创了一个全新的全球产业生态，从根本上改变了人类的社交、信息传输、商务贸易，以及数之不尽的商业模式和生活方式？

有谁曾经预测到个人计算机时代的兴起？有谁曾经预测到 1997 年乔布斯重返苹果公司并在短短 10 年的时间里，以令人瞠目结舌的闪电速度，开创了 iTunes（苹果的数字媒体播放应用程序）、iPad（苹果的平板电脑）、iPhone（苹果手机）等一系列极致创新产品，从而从根本上改变了包括音乐、个人计算机、手机、数字印刷等多个产业领域？有谁曾经预测到就是乔布斯一个人领导苹果公司开创了智能手机的全新产业链和一个近乎无限的新型产业领域？

有谁曾经预测到一个 1987 年成立，创始资金仅仅 21000 元人民币，无技术、无资金、无人才、无厂房、无设备的公司——位于中国南方城市深圳的华为技术有限公司，会在短短 20 多年的时间里，战胜全球通信设备领域的一个个百年巨头，如朗讯、阿尔卡特、爱立信、诺基亚、北电网络等，一跃成为全球排名第一的电信设备和终端产品制造商？有谁曾经预测到那些财雄势大、近乎不可挑战的国际通信巨头竟然在 10 多年时间里纷纷轰然倒塌，并最终退出科技历史舞台？

有谁曾经预测到 1997 年席卷亚洲甚至全球的金融风暴？有谁曾经预测到 2008 年席卷整个世界的全球金融危机？有谁曾经预测到像 AIG（美国国

际集团）、美林证券、雷曼兄弟等百年金融巨头会一夜之间灰飞烟灭？有谁曾经预测到 2010 年看似稳健的欧洲大陆会瞬间陷入债务危机的泥潭？有谁曾经预测到小小的地中海岛国希腊竟然差一点将整个欧元区拖入崩溃的深渊？

有谁曾经预测到 2008 年全球金融危机之后，尽管全球主要中央银行纷纷推出史无前例的量化宽松货币政策，然而全球经济却持续陷入低速增长甚至衰退？

有谁曾经预测到英国脱欧公投的结果竟然是"脱离"？有谁曾经预测到一个反复无常的房地产大亨特朗普竟然成功竞选为美国总统？

面向未来，又有谁能够预测全球经济何时能够恢复强劲增长？有谁能够预测下一波技术革命将以何种方式颠覆目前的科技版图和产业格局？有谁能够预测下一次全球性金融危机将从何处爆发？有谁能够预测下一次危机中倒下的金融巨头是哪几家？

面向未来，有谁能够预测下一代比尔·盖茨、乔布斯、埃隆·马斯克、扎克伯格、拉里·佩奇、马云、马化腾将是哪些人？那些人将出现在哪个国家或地区？他们将创立什么样的公司来颠覆现有的产业格局和商业生态体系？

一言以蔽之，作为一个创造性毁灭的动态经济体系，作为一个生命体系的经济体系，从本质上是不可预测的。

《新经济学》第一卷的任务是系统反思新古典经济学的基础哲理、基础理论和基本方法。我希望以上的分析已经完成了这个任务。《新经济学》第二卷将提出并系统阐释新的经济学思维和研究范式。

参考文献

［1］雷·库兹韦尔.奇点临近 [M].李庆诚，董振华，田源，译，北京：机械工业出版社，2011.

［2］埃尔温·薛定谔.生命是什么 [M]..罗来鸥，罗辽复，译，长沙：湖南科学技术出版社，2003.

［3］张五常.经济解释（二〇一四合订本）：科学说需求 [M].北京：中信出版社，2014.

［4］A.爱因斯坦.走近爱因斯坦 [M].许良英，王瑞智，编.沈阳：辽宁教育出版社，2005.

［5］陈平.经济数学为何如此落伍却自封社会科学之王？ [OL].[2018–12–17]. http://www.cifu.fudan.edu.cn/75/cb/c413a161227/page.htm.

［6］许成钢.经济学、经济学家与经济学教育 [M]// 吴敬琏.比较：第一辑.北京：中信出版社，2002.

［7］许良英，等.爱因斯坦文集：增补本.第一卷 [M].北京：商务印书馆，2009.

［8］米歇尔·沃尔德罗普.复杂：诞生于秩序与混沌边缘的科学 [M].陈玲，译，北京：生活·读书·新知三联书店，1997.

［9］马丁·沃尔夫.转型与冲击：马丁·沃尔夫谈未来全球经济 [M].冯明，程浩，刘悦，译.北京：中信出版社，2015.

［10］彼得·考夫曼.穷查理宝典：查理·芒格智慧箴言录 [M]. 李继宏，译.北京：中信出版社，2016.

［11］保罗·萨缪尔森，威廉·诺德豪斯.经济学（上）[M].19 版.萧琛，主译.北京：商务印书馆，2017.

［12］约瑟夫·E. 斯蒂格利茨，卡尔·E. 沃尔什.经济学 [M].4 版.黄险峰，张帆，译.北京：中国人民大学出版社，2010.

［13］曼昆.经济学原理：微观经济学分册 [M].7 版.梁小民，梁砾，译.北京：北京大学出版社，2015.

［14］杨振宁.杨振宁文录：一位科学大师看人和这个世界 [M].杨建邺，选编.海口：海南出版社，2002.

［15］Joseph A. Schumpeter, *History of Economic Analysis*, Oxford University Press, 1954.

［16］Hyman P. Minsky, *John Maynard Keynes*, Columbia University Press, 1975.

［17］Alfred Marshall, *Principles of Economic*, Macmillan and Co., Ltd. 1920.

［18］J.S.Schumpeter, *Business Cycles: A Theoretical Historical and Statistical Analysis of the Capitalist Process*，New York：McGraw Hill Book Co, 1939.

［19］Frank H. Knight，Selected Essays by Frank H. Knight：*What is Truth in Economics?* The University of Chicago Press.1999.

［20］Immanuel Kant, *Critique of Pure Reason*, The Macmillan Press, Ltd. 1933.

［21］Milton Friedman, *Essays in Positive Economics*, The University of Chicago Press, 1953.

［22］R.H.Coase, *Essays on Economics and Economists*, The University of

Chicago Press, 1994.

[23] R. H. Coase, *The Firm, the Market, and the Law*, University of Chicago
Press, 1988.

[24] John Maynard Keynes, *The General Theory of Employment, Interest and
Money*, Macmillan and Co. Ltd. 1964.

[25] Alfred D. Chandler, Jr. The Visible Hand, *The Managerial Revolution in
American Business*, The Belknap Press of Harvard University Press, 1977.

[26] Steven Weinberg, *Dreams of A Final Theory: The Scientist's Search for the
Ultimate Laws of Nature*, Vintage Books, 1994.

[27] Stephen Hawking, *A Brief History of Time*, Bantam Books, 1996.

[28] Hyman P. Minsky, *Can "It" Happen Again?* : *Essays on Instability and
Finance*, M. E.Sharpe, Inc. 1982.

[29] Alan Greenspan, *The Map and the Territory: Risk, Human Nature, and the
Future of Forecasting*, New York: Penguin Group, 2013.

[30] J. S. Schumpeter, "Science and Ideology" , 引 自 Thomas K. McCraw,
Prophet of Innovation: Joseph Schumpeter and Creative Destruction,
Cambridge: Belknap, 2007.